微隱 隱於鳳羽

統籌策劃／封新城

大隱隱於**朝** 中隱隱於**市** 小隱隱於**野** 微隱隱於**鳳羽**

封新城 著

自封新锐

从观点供应商到生活方式研究院

離開《新周刊》後，原本要出版這本記錄創辦《新周刊》經過及其
19 年成長歷程的書，幾經斟酌，終放棄。（油畫 / 張晨初 繪）

原書自序

我創建了它，它塑造了我

　　2014 年 10 月 11 日，我向《新周刊》的主管部門——廣東省出版集團遞交了辭呈，辭去了包括做了 19 年的執行總編等所有職務。

　　辦完辭職，就想到了這本書——《自封新銳》，書名十年前就取好了，一直嚷嚷寫卻一直沒寫。這次再也沒藉口拖了，於是，坐下，開始盤點老封的上半場。

　　一坐下來，眼前撲來很多個「封新城」——十七歲前那個生活在東北長白山區叫灣溝的小鎮的封新城；從東北小鎮橫穿半個中國到蘭州上大學的封新城；寫詩的封新城；畢業論文和吳小美教授聯名發表在《文學評論》的封新城；到電台做記者、去過老山前線採訪的封新城；得過「新長征突擊手」的封新城；得過首屆「中國新聞獎」的封新城；被區念中賞識從蘭州調到廣州的封新城；跟王志綱、竇文濤一起炒更的封新城；和柳傳志、王石們在電視裡給「年度經濟人物」頒獎的封新城，「忙著造榜、整天給人發獎」的封新城；推出「大盤點」「新銳榜」「電視榜」，命名「飄一代」「她世紀」「第四城」「生活家」的封新城；幻想做大商人，卻只做了「觀點供應商」「視覺開發商」「資訊整合商」「傳媒運營商」的封新城，做《總編訪談錄》的封新城；只叫趙新先為老闆的封新城；把上司孫冕變成兄弟孫冕的封新城；離婚的封新城，再婚的封新城，兩個女兒終於見面的封新城；創辦《新周刊》的封新城，以及今天辭了總編職務又自封「生活方式研究院」院長的封新城。

這麼多「封新城」，其實只有兩個：叫本名「封新成」的封新城和創辦《新周刊》後更名為「封新城」的封新城；或者，寫詩的封新成和辦《新周刊》的封新城。

是的，是《新周刊》讓我從「封新成」成為「封新城」。有句話讓我特別有感觸：「我們塑造我們創建的事物，然後由它們塑造我們。」

《新周刊》和我，就是這種關係——我創建了它，它也塑造了我。換句話說，寫詩讓我有語感，做廣播讓我有對象感，而《新周刊》則磨練和成就了我一語中的的話題能力和命名能力。

我足夠幸運，在三十出頭一腔熱血渾身創意的時候，天時地利人和地遇到了創辦《新周刊》的機會。天時——90 年代中期市場化傳媒的春動；地利——身處改革開放前沿的廣東；人和——遇到了孫晃、傅沙、張海兒、陳若雲、馮博、楊子、劉玉英、謝立、周可、閻肖鋒、萬瑨卿、何樹青、周樺、朱坤、令狐磊、胡赳赳、陳豔濤、黃俊傑、蔣方舟、唐元鵬及劉新、曹萍等同道中人。

我們自封為「新銳」，也示範「新銳」、發現「新銳」，更營造「新銳創領主流」的話語空間和價值評估體系。

「新銳」，是《新周刊》和這班人的另一個 logo；而「一本雜誌和一個時代的體溫」這句定位語則生動地勾勒了《新周刊》與國家、社會和時代的基本關係——感知它，記錄它，參與它，梳理它，命名它。

刊如其人，人如其刊，人刊合一。十九年走來，最感欣慰的，不是那些過往的轟動和過癮，而是：縱有萬般誘惑和跌宕，內心總守護著一個律條——做一個有溫度、有價值觀的媒體。十九年了，《新周刊》，我，我的同事們，做到了。

和世界上所有雜誌不同的是，《新周刊》沒有創刊號，而有「第零期」。與之首尾呼應，我面授機宜給繼任者何樹青的八字真經是——「無中生有，自說自話」。這話翻譯過來就是：「創造你的話語場！」

老封的上半場已然翻篇兒，上半場的最後一頁也是下半場的第一頁。

下半場的老封要玩什麼？答案就在這本書的副題：從新銳榜爺到退步堂主。

2016 年 5 月 29 日

我的故乡在八十年代，
村口有棵大树叫北岛。
我是急之国里退步人，
我的放肆就是敢于放弃。
—— 封新城

放肆青春②我的故乡在八十年代
活动时间：2018年10月27日　　活动地点：暨南大学大礼堂

封新城把自己的上半場或前傳濃縮為一篇自序和一張海報。

攝影／封新城

壹 知停而後升

貳 發現鳳羽 退到鳳羽

參 軟鄉村 酷農業

肆 鄉愁與鄉愁公園

目
錄

伍 融藝術 慢生活

陸 柴扉門小是正門，佛堂村遠及天下

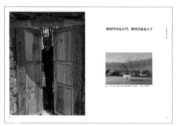

柒 我們不走向世界，世界會走向我們

封面攝影 / 封新城　石頭彩繪 / 李月香

衛星圖：鳳羽與蒼山洱海的位置關係。

鳳羽古鎮

天馬草堂
退步堂

2016 年 11 月 12 日 Google Earth 衛星圖，海拔 6800 米高空視角下的天馬山和鳳羽壩子。

從空中看鄧鳳公路鳳羽段，路的盡頭即為退步堂和佛堂村。
（攝影／大力）

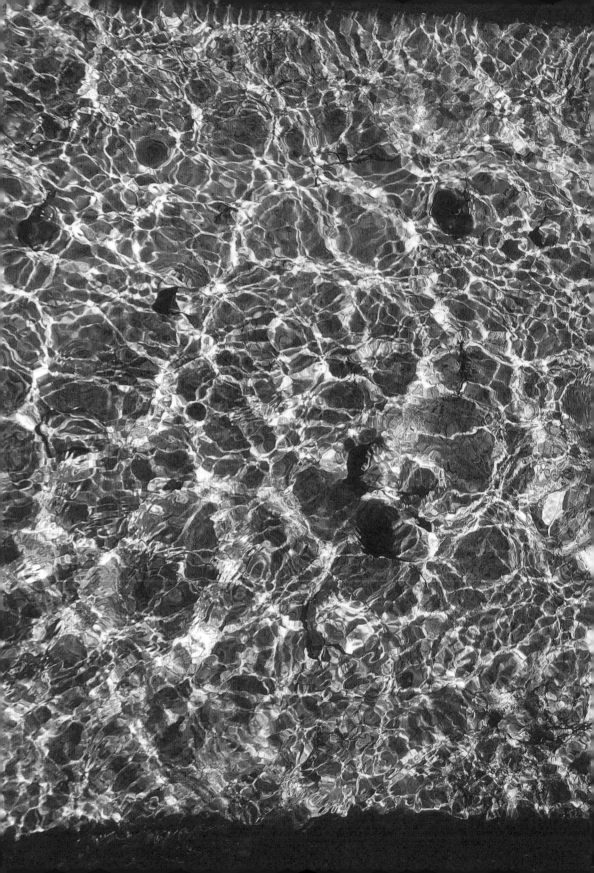

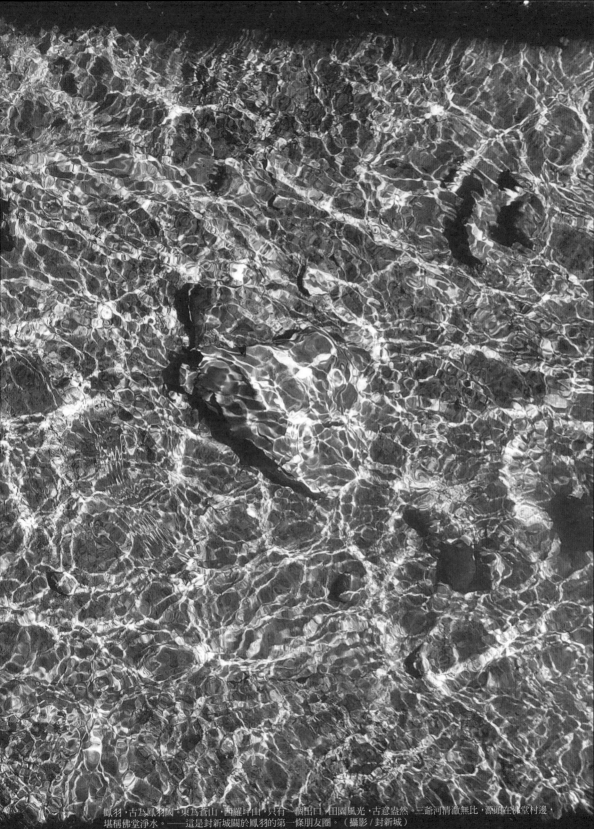

鳳羽，古為鳳羽國，東為蒼山，西羅坪山，只有一個出口，田園風光，古意盎然。三爺河清澈無比，源頭在佛堂村邊，堪稱佛堂淨水。───這是封新城關於鳳羽的第一條朋友圈。（攝影／封新城）

2013 年 11 月 7 日，封新城第一次到鳳羽，隨手拍下了這朵雲。

微隱隱於鳳羽一

封新城。（攝影／陳墾）

繼徐霞客之後，
四百年間，鳳羽第二次被發現

文 / 陳璽

4 月的末尾，我去了大理洱源的鳳羽，就是想看封新城到底在那兒做些什麼。

我是帶著很多疑問和猜想去的。比如：這位著名的媒體人，為什麼退出都市和大集團？他到底有什麼樣的夢想？為什麼選擇鳳羽？這兩年他做了些什麼？

很多年來，從媒體到出版，我的職業讓我習慣了帶著問題去見我感覺好奇的人，去瞭解他們在思考什麼，在做什麼，如何做。

能讓封新城 all in 的事兒，不會是小事兒。

在飛大理之前，我搜索了一些關於大理洱源、鳳羽古鎮的資料。這一搜索，居然讓我花了不少時間，把《徐霞客遊記》裡面關於雲南的部分全部看了一遍。

在古代那種條件下，徐霞客那種漫長的旅行，只有瘋子才能完成。若非有對自然和異鄉極強的好奇和熱愛，有超強的適應力和意志力，他的行程早就半途而廢了。

西元 1639 年的農曆三月初一，徐霞客從如今的洱源縣城出發，到了鳳羽。

「三月初一日，何長君以騎至文廟前，再饋餐為包，乃出南門一里，過演武場，大道東南去，乃由歧西南循西山行。四里，西山南盡，有水自西峽出，即鳳羽之流也，其水頗大。南即天馬山橫夾之，與西山南盡處相峙若門，水出其中，東注茈碧湖南坡塍間，抵練城而南入普陀崆路，循西山南盡處溯水而入，五里，

徐霞客鳳羽七日路線示意圖

1639年4月3日·4月9日

「北崖忽石峰壁立，聳首西顧，其內塢稍開，有村當聳首下塢中，是名三關。聳首之上，有神宇踞石巔，望之突兀甚，蓋即縣後山，自三台分支南下，此其西南盡處也。其內大脊稍西曲，南與天馬夾成東西塢。循溪北崖間又三里餘，西抵大脊之下，於是折而南一里渡澗，東循東山南行。一里，為悶江門哨，有守哨者在路旁。又南二里，有小山當峽而踞，扼水之吭，鳳羽之水南來，鐵甲場之澗西出，合而搗東崖下。路乃緣崖襲其上二里，出扼吭之村，居當坡東，若縮其口者。由是村南山塢大開，西為鳳羽，東為啟始，後山夾成南北大塢，其勢甚開。三流貫其中，南自上駟，北抵於此，約二十里皆良田，接塍縮谷成村。曲峽通幽入，靈皋夾水居，古之朱陳村、桃花源，寥落已盡，而猶留此一奧，亦大奇事也。東山而南為新生邑，共五里，折而西度塢中，截塢五里抵西山鳳羽之下，是為舍上盤，古之鳳羽縣也。」

徐霞客鳳羽行旅圖。（插畫／李雄飛）

霞客還寫道：「鳳羽，一名鳥弔山，每禁月，鳥千萬為群，來集坪間，皆此地所無者。土人舉火，鳥輒投之。」

群山環繞的原野與河流；眾鳥盤旋的大地。兩組文字如同長鏡頭一般，把當年的鳳羽展現在今人面前。我有點理解封新城為什麼選擇鳳羽了，早在古代這裡就是桃花源啊。

我問封新城第一次去到鳳羽是什麼樣的情形，他說第一次到鳳羽是因為認識了陳代章，那是 2013 年。封新城到了洱源鳳羽，參觀陳代章的蜂蜜加工廠，鳳羽壩子一下子就讓他著了迷。

這突如其來的喜歡，讓他認定了鳳羽就是神啟之地。

一個詩人的他可以在大地上寫詩的地方。

一個雜誌人的他可以在大地上排版的地方。

他想把這個方圓五十公里的壩子變成中國最大的露天美術館。人人都知道徐霞客來過此地，桃花源早已消失在歲月中，封新城卻暗含願望，構想起一個新的烏托邦田園。

於是他就反覆來鳳羽，直到把自己搬了過去。

在上海飛往大理的航班上，封新城巧遇了他的設計師夥伴八旬。那個看起來就是藝術家的白族男人八旬，人稱大理最帥村長，他是楊麗萍的妹夫，還有個上了央視春晚的女兒小彩旗。

一行人上了越野車，沿著洱海東邊的高速疾行，一個小時後穿過山谷，車已經行進在了田野溪流邊。景觀變得細膩柔美，兩邊的山染著落日餘暉。

封新城指著車左邊遠處的樹林，說：「那個林子圍著的，是一個唐朝的湖。」

封新城：「不那麼容易到達，才讓鳳羽成了世外桃源；不那麼容易到達，才是鳳羽的優勢和我選擇它的理由。」（攝影 / 邵宇鵬 趙輝）

STU

知停而

生命不止向前一个

P
升

还有，向上。

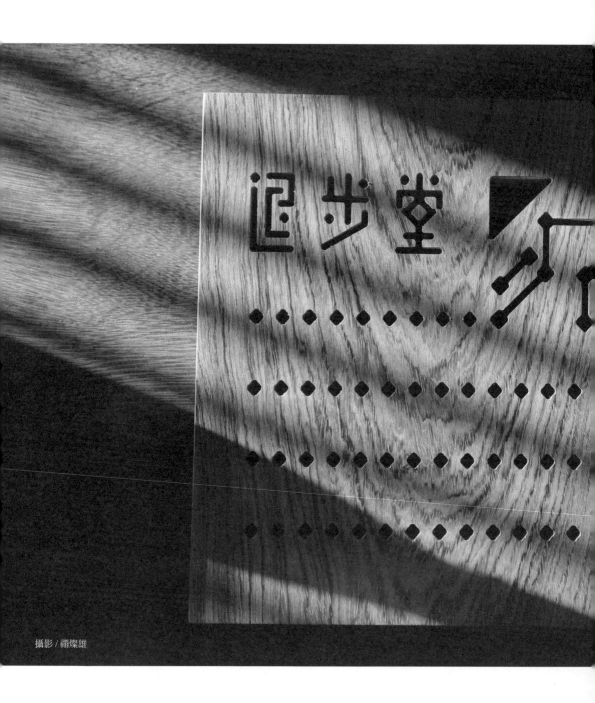

攝影／禰燦雄

封新城
我不是 STOP，我是 STOUP

文 / 趙淥汀

2013 年 11 月 7 日，封新城在鳳羽拍了兩張照片，一張照裡天空盤龍，一張照裡水泛金光。

這位《新周刊》前總編輯當時就在心裡嘀咕：奇怪，這太奇怪了。直覺告訴他，他和鳳羽這個地方之間，肯定能「發生點什麼事兒」。

天空的那條龍，是一片雲的形狀；地面的那攤泛著金光的水，則是洱源源頭的三爺泉。望著眼前的鳳羽壩子，封新城心裡想：我要是能在這兒蓋個房子，該多好！

2018年7月來到退步堂的英國藍短，老爺為它取名「少爺」。（攝影／封新城）

大理烤茶。（攝影／區念中）

　　封新城曾做過一期專題，封面叫「找個地方躲起來」。對這個被李健稱為「中國最匪氣的文人」來說，對城市和鄉村的關注與思考，貫穿起他作為傳媒人的職業生涯：從喊出「都是農民」到「大理讓人變小」，從溫情道出「故鄉」，到日本歸來後提煉出的「軟鄉村、酷農業」，他離主流都市生活越來越遠，離歸隱田園卻越來越近。

　　2013年，封新城50歲。他給自己定了個目標：從55歲起，在鳳羽造房子。2018年，他55歲，卻已提前完成目標：在大理鳳羽，他已微隱居了兩年。

　　如今，他依然記得初來鳳羽時的情景：遙望天馬山時，他看見了鳳羽壩子，也看見了山上的那座塔。塔建在山的三分之二高

退步堂前的木桌。（攝影／楊和平）

度上，這讓封新城立刻產生了一個聯想：這裡是不是曾經有水？

　　一問當地人，這裡果然曾經是一個湖，名字就叫鳳羽湖，唐朝之前便已存在。

　　他所微隱居的佛堂村，在白族話裡的發音大概叫作「威登」，意為佛所在的地方。古時候，香客們在去鶴林寺上香前，會在佛堂村停留，第二天再坐船去上香。

　　封新城頓時來了興趣。

　　他找到當地的文史學者，在地圖上琢磨起哪裡是古渡口，哪裡是當年的湖底。「那些遺址都還在，這讓我驚了，因為你對這裡的所有想像，居然被你自己親手一層一層剝開了。這裡的真實模樣，和你想的一模一樣！」

他還發現，鳳羽人管「離開鳳羽」叫「出國」，「這裡就像一個國，一個隱祕在大理深處的原始古國。」

向後「退步」的過程中，他發現自己已身在古國中。

他開始探索起鳳羽。除了自己微隱居的佛堂村，他把鄰村的名字記了個遍，佛堂、草甲、馬甲、白米、雪梨……

光看這些村名，他就感到鳳羽其實並不簡單。

「它的偏遠、孤獨，在今天顯出了別樣的質樸價值。這就是我要找的地方。」

2015 年，封新城開始在鳳羽蓋房子。

離開《新周刊》後，他曾考慮過要不要試一下互聯網，但得出的結論是：不想去碰它。

他說，自己骨子裡還是嚮往鄉村，對古樸又簡單的東西感興趣。

一年後，他在鳳羽的宅院落成，他給起了個名字：「退步堂」，英文叫「stoup」，取自「stop」＋「up」，意為「知停而後升」。

做雜誌時，他每年用二十四個封面專題，展現出自己對社會和生活二十四個想法；

在鳳羽，他用一句「知停而後升」，喊出了「沉下來」的理念，強調的是生命的寬度和高度。「生命不止向前一個方向，還有：向上。」

2016 年 6 月，封新城獲得佛堂村榮譽村民的稱號。他在朋友圈裡發布這樣一段文字：「唐風宋韻，鳳羽古國。蒼山背後，洱海源頭。清源洞開，佛堂淨水。退步堂主，逍遙報導。」

他在退步堂門前貼了副自己寫的對聯，上聯是「柴扉門小是

天馬山下的稻田。（攝影 / 楊和平）

正門」，下聯是「佛堂村遠及天下」，橫批是「退步原來是向前」。

陳代章曾說，如果沒有封新城的堅持，如今的鳳羽可能會多一些房地產項目，少一些古村落保護。

陳代章曾慫恿封新城：你看大理這地方機會多，不如咱們去開發房地產吧。

封新城的回覆是：我不幹這種事兒，瞧都瞧不上。哪裡有山，有水，有窮鄉僻壤，有古村落，我就到哪裡去。

鳳羽壩子和佛堂村就是最佳答案。望著大澗古村落，封新城一下子就覺得自己「下半輩子有得做了」。他邀請李健、孟非等朋友踏足山間，為古村落的保護獻策。

藝術家葉永青的建議是，古村落應該保留，在原址基礎上建一個廢墟公園。

這個提議和封新城的設想不謀而合。「我不動它，而是去保護它，注入一些現代材料，讓它的樣子不被侵蝕、倒塌。」

他曾在《新周刊》做過一期「軟鄉村、酷農業」的封面專題，而今，他又在這兩句話後加了兩句：「慢生活，融藝術」。

「通過嵌入、漸入、融入的方式，讓現代性和古村落發生互動。」他希望能收穫一些公共的東西，比如餐廳、咖啡館、圖書館、博物館等。

老領導區念中認為，封新城是一個彼得·梅爾式的人物。彼得·梅爾讓世界認識了普羅旺斯，而封新城的野心，則是讓世界認識鳳羽。

「他（封新城）有句話我記得很清楚：『我們不走向世界，

世界會走向我們。』」

女兒封瀟瀟來鳳羽住過幾天，封新城得閒就告訴她，這裡未來建一個精品酒店，那裡將來搞一個藝術家工作室。以退步堂為圓心，封新

城希望在鳳羽「畫圓」：一個「退步」的圓，一個古村落的圓，一個一個鄉村重建的圓，一個充滿文化氣息的圓。

聽完「封老爺」的介紹，封瀟瀟感歎：「這真是父王的隱蔽式江山！」

而對封新城來說，自己進入鳳羽的兩年間，一切似乎都有跡可循。

那種感覺就是：你被啟示了，被一種不知叫什麼的力量啟示了。

如今，封新城逢人便說，自己和鳳羽之間有一個天大的緣分，一個不得了的緣分，「那感覺就像是一種召喚，有點兒使命的感覺。來到這兒，我就真成了新鳳羽人！」

他說，這是自己長久以來的一個規劃，一個夢，而如今，夢想照進了現實，甚至以比現實更快的速度，提前實現了。

道家說，大隱隱於朝，中隱隱於市，小隱隱於野。

封新城說，自己的夢想其實很簡單，比道家思想更渺小，但卻更加飽滿：微隱隱於鳳羽。

含而不露退步堂。（攝影／禤燦雄）

2017 年 9 月 13 日，來來亭上，李健在彈琴，八旬和張發財在聊天，張發財的女兒在寫作業，封老爺隨手按下了快門。

陳璽。（圖由作者提供）

鳳羽九章
封新城的鄉愁、藝術夢和文旅實踐

文／陳墾

　　這個疑問，籠統表達，就是：我該怎樣生活？我該怎樣生活這個問題不僅是人生道路之初的問題，更是貫穿人的一生的問題。這個問題，主要不是選擇人生道路的問題，不是選對或選錯人生道路的問題，而是行路的問題──知道自己在走什麼路，知道這條路該怎麼走：我們是否貼切著自己的真實天性行路。

　　　　　　　　　　　　　──陳嘉映《何為良好生活》

退步原來是向前

　　我在退步堂的舒適客房裡醒來。

　　一夜安眠，推開房門，客房的小庭院地板上，苦楝樹落花寂寂，平鋪滿了一地。

　　再推開客房庭院的大門，就進到了退步堂的大院裡。滿目青翠，梨樹居多，夾雜著梅子樹和石榴樹。

　　退步堂在佛堂村，佛堂村在鳳羽壩子，鳳羽壩子離大理古城60公里。退步堂是封新城在鳳羽的第一步。軟鄉村，酷農業，融

藝術，慢生活。封新城總結的四個目標，退步堂是這一切的起點。

退步堂都由白族設計師八旬設計。封新城說八旬是個奇人，他做設計沒有施工圖，房子未來的模樣，就牢牢刻在他的腦子裡。

昨晚豐盛的晚餐已經讓我想哭了，早餐又讓我繼續哭，好吃，豐富，只想撐死自己。雲南得天獨厚的環境，給了人各種奇特的野生植物都可以吃，那些叫不出名字的野菜，都有獨特的味道。這慷慨的大自然的確也令人安慰，即便在過去最悲慘的歲月裡，雲南也從未有餓死人的情形。

對比起我在上海的日常吃喝，退步堂的本地美食簡直美好得不像話。早餐後，封新城帶我去看退步堂的四圍。

退步堂分為下院和上院，中間隔了一條小馬路。依山而建，花樹掩映。封新城自己住下院，每一次進下院的院子，他都會捨棄離書房很近的後門，繞過十里香的花牆，走黃泥柴扉的正門。

「我只走正門。」這種固執，算是這位迷信老哥的堅持。

我覺得這是一種很少見的儀式感，大概也是他的信念吧。

上院居於更高處，院落裡重點是花木，以及一個透明玻璃的天橋觀景台。

庭院正中，是一匹鐵絲繞成的大馬，而這匹馬居然就是本地村民創作的現代藝術作品。在我們閒逛之際，那位農民藝術家正在天橋觀景台的側立面上，埋頭創作另一匹平面的馬。

「你今天可以看到好幾個村民藝術家，都是我培養的。」封新城大笑，「我的在地藝術嘗試早就開始了。」

極目遠望，壩子就呈現在眼前，更遠處是鳳羽古鎮，再遠就是西山。徐霞客的文字在此時盡化於風景，壯闊裡有秀美，鳳羽

聽城裡的朋友說天際線的時候，封老爺會一指羅坪山，「喏，我們的天際線！」（攝影／翟爍雄）

壩子本身就是理由。就是這樣的場景，讓封新城生出了歸隱之念。

然而他說，我是微隱隱於鳳羽，因為要做的事情太多了。

我們在上院喝咖啡，咖啡是歌手李健和他的粉絲一起製作的精品咖啡品牌。多年來李健一直視封新城為兄長，他去年就已經來過鳳羽，跟著封新城把壩子及周邊看了個遍。

一位膚色黧黑的村民過來，給我們遞菸。封新城給我介紹說這是楊院長。「小楊幫我們打理院子，所以我們管他叫院長。」

楊院長昨天說要辭職，想回家打理自家的莊稼地，現在封新城就把他叫過來當面談。封新城直截了當說家裡的地你也賺不了太多錢，更不如這裡有意思，你應該留在退步堂做事，以後還有更多有意思的項目。我沒有插話，但看得出楊院長的一臉糾結。

楊院長離開後，封新城給我解釋為什麼院子取名叫退步堂。

退步的出處來自布袋和尚的禪詩：手把青秧插滿田，低頭便見水中天；心地清靜方為道，退步原來是向前。

在封新城經歷了傳媒江湖二十多年的盛景和喧鬧之後，他發現自己最需要的生活狀態是給生活做減法，回到一種冷清裡，更新自己。於是他遇到了鳳羽，就做了「退步」的決定。

封新城的「退步」是既要詩意的回歸，田園的充實，也要符合趨勢的文旅產業布局。與其說他退到了鳳羽，不如說他選擇了鳳羽，作為他實現大策劃夢想的根據地。

他創造了一個新詞：STOP+UP──知停而後升。他說在「退」的同時，精神上必須要保持「昇華」。

最優秀的媒體人和詩人，總是對詞極度敏感。封新城用一個個精準的詞，定義他在做的事情，描述他當下的狀態。

以前封新城是在雜誌裡策劃藝術，報導生活。現在他是在大地上傾注心意，盡力去創造一個自己心中烏托邦式的藝術生活方式模型。

上院的旁邊，一個大院已準備動工，那是慢生活學院的課堂和酒店。

「每一年你來，都會看到新的東西。我們每一年都會有新的想法落地成形。」封新城又點燃一支菸，「但我堅決不和房地產集團合作，會頑固地按我的標準去選擇合作夥伴和投資人。鳳羽壩子這個地方，經不起商業化的摧毀。很多特色小鎮，幾乎都死於貪婪和過於猛烈的改變。你毀掉了鄉村原有的生態和特質，那麼你何必來呢？」

在希望的壩子上

從退步堂下坡，就進了佛堂村。

封新城在村巷裡疾走，黑色大氅翻捲如披風。他帶我先去看拍檔陳代章家的老宅子。

陳氏老宅的院子安安靜靜，裡面所有的房間都改成了畫廊和藝術家工作室。幾個白族年輕人正在畫畫。牆上，桌上，都是藝術家們創作的畫和手工藝作品。看著那些作品，我驚訝於這已經是一個和國際完美對接的藝術項目——在地藝術家計畫。很多有天賦的本地人，尤其是年輕人，已經被封新城帶動起來了，他們把藝術創作當作了日常，當作一件普通好玩的事情，而不是一件需要必恭必敬對待的高冷事物。

本地藝術家計畫已經開始

當然我又看到著名畫家葉永青大哥的作品。他也是封新城多年的好友，退步堂的多處藝術裝飾細節，都有葉帥作品的加持。著名藝術家的到訪和停留創作，也給了本地年輕人更多的激勵和榜樣。

這已經隱隱顯露出封新城的藝術願望：讓更多著名的藝術家來鳳羽，也讓更多的本地藝術家成名。

離開陳氏老宅 100 米，就來到了田野，鳳羽壩子巨大的田野邊緣。封新城指給我看各個方向的田野，揮著手說：「這裡有超過 7000 畝的田野可以用於藝術節的場地。這會是全世界最大的露天美術館啊。」

我們討論著北川富朗發起的「越後妻有大地藝術祭」，封新

常駐大理的上海藝術家沈見華在佛堂村農民畫社。（攝影／邵宇鵬）

城說著他的構想思路，我只感到他像個布道者，他的熱情和夢想就是這樣打動著一個個到訪的朋友們的吧。

以這片大地為畫布，畫最巨幅的畫，寫最奔放的詩。多過癮的事情。

身旁田邊，春日的野薔薇、紅山茶花期已近尾聲，但依舊動人。

下午，封新城拉著我和 Jon（一個內向的年輕法國畫家）一起去騎車。

Jon 是第一年的「90 後」，來中國卻有些日子了。他娶了一位湖南女生，第一個孩子已經兩歲多，老婆如今已經懷上了第二個孩子。他原本住在大理三塔附近，如今被封新城簽下，準備搬來鳳羽。

我們騎著巨大軲轆的山地越野單車，從佛堂村騎行去另一個

村子。5 公里左右的鄉間小路騎得神清氣爽，不單有微風拂面，還看到透過雲層的柱狀陽光投射在對面的山上。

封新城體力甚好，一直衝在前頭。偶爾他停下來，在路邊用手機拍攝我和 Jon 騎車的樣子。一路上遇到不少小孩子，對著我們揚手說 Hello。

到了一個村子，封新城進了一家滷肉店，和白族大姐打招呼，切肉包肉。大姐居然不肯收封新城的錢，兩人一直推來推去，最後是幾乎半價。我在旁邊看著，對 Jon 說封老爺在本地的人緣很好啊，Jon 一臉匪夷所思的樣子。

這個小細節看出了封新城融入本地的姿態非常自然，心裡又默默給他點了個讚。

回程經過鳳羽河和河兩邊的濕地，經過很大的藍莓園，若干個水塘，有白鷺在起落翻飛。這廣大的田野，都是封新城規劃中用於露天美術館的地盤。

他指點著四周，說你們想像一下。

於是我使勁兒想像了一下。

數百年來的茶馬古道。遠離文明中心的古村。自然和諧的藝術烏托邦。這些意象開始重疊，在大地上安放好。

佛堂村的散步

散步是在美好鄉村百做不厭的事情。

當年徐霞客在鳳羽做的事情就是山上山下不停地走，封新城說他也是。

臨近傍晚，他就又領著我們幾個出了門，我們幾個是指，Jon

和他老婆、孩子，我，還有三隻狗。

封新城說三隻狗本來是流浪小土狗，打院子落成後就來混飯吃，活活被他餵成了看家狗，還會排隊人立等餵食。

於是幾個人就在路上慢慢走，幾條狗卻是四處撒歡。傍晚的天色是一天裡最柔和的時候，雲朵變換極快，幾分鐘就是一個造型。朋友圈裡大理古城的攝影師朋友又一如既往地發雲圖，隔了幾十公里，雲朵的模樣又不同了。

我們行走在山的這一列，望著壩子對面的另一列遠山。

很快來到了一個大果園。園中已經打好地基的部分，有寬闊的平台，宜遠望，宜對著遠山平疇發呆。

這是一個具有無敵景觀的地點，周邊的果樹如同森林，環繞著這未來的建築，帶來無邊的安寧。封新城說構想中的建築，會是一個特別好的接待處，有好的茶和咖啡，有小巧的美術館和圖書館，算得上是鳳羽未來文旅計畫中一處重要的場所。

「我覺得鄉村有不可碰觸和改變的部分，那種特殊的本地的氣息，那種安詳感。外來的人們來到這裡，可以得到放鬆和舒適，得到能夠做夢的東西，但不能用急速的商業化來撕裂這個氛圍。我們已經有過太多教訓了，麗江，大理雙廊、古城……」封新城如是說。

你不單要在大地上寫詩，你還要做挑戰風車的唐吉訶德，真是位理想化的大哥。鳳羽一旦傳播起來，這麼多的自然村，這麼巨大的範圍，你怎麼控制得了？

我們繼續說起這些年中國鄉村建設的得與失，比如碧山，比如烏鎮，還有日本四國鄉村的案例。

在封新城的詩意理想之外，他不乏清醒的認知：「進入的方式非常重要，對土地和傳統必須要帶著敬畏，你來是要主動融入這個地方，而非傲慢的改變。而更好的生態觀、文明和生活習慣的引入，會特別考驗人的能力和技巧。這也是我要設立慢生活學院的原因。外來者和本地人一起學習，一起融合，把創造力激發出來，這才是鄉村長久的活力源頭。」

回程的路上，夕陽落下，封新城邊走路邊拍照，三隻狗在他身邊跑來跑去。

夜晚的茶、酒和詩歌

這兒不再是遠方，雖然詩歌就在近旁。

退步堂裡巨大的茶室和圖書館，特別適合圍爐夜話。熱烈的聊天是因為還加入了剛從台北飛來的著名出版人初安民。初安民是台灣幾十年來文學和出版圈的核心大腕，他和封新城交情已久，兩個人有英雄相惜的情誼，也有鬥嘴抬槓的樂趣。

晚餐時，初安民一如既往喝著本地的啤酒，這是他無論去哪兒都有的習慣。而封新城則喝著日本清酒，隨意隨性地喝著。晚餐結束就自然轉為夜聊清談，換到書房從茶開始。

封新城一直以來視台灣文創和慢生活方式為學習樣板，他每年會去台灣數次，所有的文創園區，所有的知名民宿，所有的品牌再造，他都非常瞭解。

他喜愛台灣的生活方式和氛圍，而初安民卻時時羨慕大陸的巨大市場和機會空間。

話題就在台灣和大陸的文創行業裡切換。

像薛繼業的這件作品一樣，很多封老爺收藏的藝術品都跟著他來到了退步堂。（攝影／禤燦雄）

　　這種夜談的場景，應該就是封新城消磨鄉村日子最喜歡的，往來無白丁，有價值的好思路時不時就冒出來，而封新城就這樣接待了數以千計的朋友，把自己的所想所為傳達了出來，多多少少在朋友們的心內催生了一些東西，一些對未來或許有很大作用的東西。

　　這些朋友裡，有他潛在的合作者、投資人，有他的追隨者，有各類對他和鳳羽感興趣的媒體（這時一同圍坐聊天的，就恰好有雲南電視台新聞頻道的幾個朋友）。

　　他給你展示出大好山水田園，給你描述觸手可及的未來，你很自然地就想，怎麼和他一起來參與，大幹一場。

　　每個人心底或許本就有烏托邦的夢想，都無法抵禦美好田園

生活的誘惑，而封新城正是那個眼光敏銳又行動果斷的人。鳳羽的藍圖，讓思路穩重老派的初安民也心生羨意，決定了要再來鳳羽，為慢生活學院做講師。

而慢生活學院簽下的第一位教授，則是著名音樂人李健。

而目睹了初安民大哥從來之前的磨磨蹭蹭，到立刻答應了再來鳳羽做慢生活學院的文創講座，也就只是一個晚上的工夫。

我翻看著封新城從書架上拿下來的《壯闊之海──地中海的人類史》，他說地中海是上天眷顧的另一個天堂地區。人類理想的居住之地並不會是荒無人煙的絕境，而是漫長歷史積澱後的社會樂土。因此，歷史、人類學、地理學、農業、商業、風俗與環境，都必須是在地生活的必需課。

退步堂的聊天，也是頭腦的日課。

從清晨到夜晚，我看著封新城的日常狀態，也解決了另外一個疑問。別人遠離北上廣深，會覺得被拋棄和遺忘，那是因為缺少了準確的目標和繼續高速轉動的頭腦，無所事事對於我身邊大多數還有願望和想法的人來說還是不可接受的。但封新城沒有這個問題，即便在鳳羽，他也依然在頭腦裡製造風暴，他還是以自己為原點，吸引著眾多各處的人馬。在每個月不得不外出半個月的前提下，每每回到鳳羽，他更珍惜這裡的安寧。

遺世獨立的山谷

我該如何回憶起天馬山山谷裡面的孤獨村子？

我一直是個村莊愛好者，在去過了國內東南西北各地的眾多偏遠小村之後，我以為我會見慣不慣，但在那個早上跟著封新城

去到了禱告村，我才填補了一項經歷的空白。遇見真正的荒廢，真正絕世獨立的美。

起初我還以為這是封新城為這個村子取的名字，後來得知禱告村是當地白族話的發音，瞬間有種被擊中的感覺。百年前的村民生活在此，封閉艱難，除了完美的自然，別的一切都欠缺。禱告這個帶著命運感的詞，恍若刻下了歷史的印記，完美適合眼前的場景和氛圍。

如今村民們基本都搬下山去居住了，封新城說僅有幾戶老人還住在荒村裡。一共六十多個石頭院落，散布在整個山谷裡的樹蔭裡。樹葉脈絡一樣的石頭小徑，就一直往山上延伸。

首先是到達一棵大樹下。封新城說這就是村口。他指點著四面：往下，就是以後的度假酒店和藝術區域，往上走，就進入廢墟村莊，以後，這個村子將是國內獨一無二的廢墟村莊博物館。

走著，迎面的每一個院落、宅子，都是殘垣斷壁，因為主要的木材和石材都被村民拆掉搬去山下了，但每一處格局都維持著原貌。

「你是要重建這六十多幢宅子嗎？」

「不，我要維持你看到的這個樣子。」

封新城想找到一種合適的高科技透明黏合材料，把現有的殘破建築全部原樣保留，同時還要經得起時間和雨水。廢墟體驗，應該是國內最狂野的文創項目了吧？

在他的構想裡，這個小村不會讓很多人進駐，只有大約十幾個宅子原址，會在廢墟裡用特別的建築理念來搭出可以居住的藝術家工作室，給受邀的藝術家暫住，在此創作。

　　Jon 正在興奮地四處暴走，選址，拍照。在李健之後，他得到了進駐村子的邀請。

　　沿著石板路繼續往上走，有狗狗的叫聲。封新城拐向右邊一條小巷，進到一個小院。一條很猛的狗狗被鐵鍊拴著，然後封新城居然和它很熟的樣子，打了招呼，狗狗就變得親熱無比，一個勁兒地想撲進他的懷裡。但院子的主人不在，我們稍看了看，就退出了院子，臨回頭時，我看到狗狗突然一瞬變得呆滯，也不叫了，那一刻我覺得我和狗狗一樣難過。

　　真的是寂寞的地方啊，連狗狗也覺得寂寞。

　　繼續往上，遇到一位老人，過來說話，遞菸。我們一起抽菸說話。老人留在山上，養羊、種菜，延續著一輩子靠山吃山的生活。村裡僅有的幾戶老人，都和封新城熟悉了。就像今天帶著我們上山來一樣，封新城都會去和他們聊聊家常。

　　繼續往上，我們看了同樣廢棄的廟宇，在村子上方盡頭高處的岩石群。幾位村民在一塊巨石下的陋室裡燃起香火，今天大約是在祭祀什麼神靈。從他們旁邊繼續向上，來到山谷的最高處，都是巨大的岩石。

　　封新城指著這片孤獨的石頭，說這裡會有一個孤獨的咖啡館，就叫巨石咖啡。

　　站在最高處往下望去，也看不到村子。村子都在密林裡。

　　這樣寂寞冷清衰敗的風景，是絕美的。我理解了封新城說的鄉愁公園的含義，這是一種考驗人的審美，因為有很多人見不得這樣的美。

　　忠實保留下一切原本的風貌，也是紀念我們自身早已失去的

禱告村的養蜂人家。（攝影 / 禤燦雄）

遙遠鄉愁。

　　而艱難保留著這一切，意味著放棄顯而易見的快速收益，反而需要投入資金去維護這荒涼，同時也要對抗資本的壓力和市場的誘惑，這並不容易。

　　「我把規劃中的度假酒店，都安排在村子下面。願意到這裡來的人，是需要特別的自然和人文體驗的人，我把這個稱為頭部度假。這不單是給身體的，更是讓人的頭腦得到休息或靈感刺激。」

封新城坐在村口大樹下，望著山谷口遠方的平疇。

這個時候，他確實很像一個村長。

沒有人會排斥舒適，但做東西不一樣，如有可能，當盡力追求美學的意義。我們認為這是當下更有高級感的行為。

又點燃一支菸，我想起一部好萊塢老片子《Bugsy》。來自紐約的大佬 Bugsy 面對黃沙滾滾的荒野，說我要在這兒建造美國最好的酒店和賭場，旁邊的人都覺得他瘋了。雖然後來他被槍殺，但他的狂野想像力和行動力卻讓他成為拉斯維加斯之父。

又聯想到北川富朗先後面對瀨戶的大海與小島、越後妻有的山林田野的反覆思考，一切都圍繞著如何在鄉村共建共生共享的思路來規劃。

如何想像和建構未來，正是這個時代的功課。

「那些搬遷下山的人們在做什麼？」

「有的種地，有的成了我們農業公司的職員。」

人人喊他陳行長

陳代章是鳳羽佛堂村人，土生土長的白族人，封新城的創業夥伴，但人人叫他陳行長。

因為在他回鄉做生態農業產品和規劃文旅模式之前，他一直在銀行工作了二十多年。

在退步堂第一晚的晚餐時，我就見到了他。他的書生氣和沉靜，和大哥型的封新城恰是鮮明的對比。

他重回故鄉，也是被封新城煽動的。

2013 年那年兩人初見，可以想像都給了彼此衝擊和震動。鳳

羽的風光人文讓封新城產生了迷戀，而封新城的布道則一定給陳行長打開了窗戶，窺見了全新的天地。

新的農業理念、策劃品牌的意義、大地藝術谷的構想等等，讓陳行長開始重新去思考和認識自己熟悉的故鄉。

2016 年，陳代章放棄了銀行行長職位，以及城裡人的生活，回到鳳羽，註冊了大理千宿文化旅遊發展公司，成立了鳳羽慢城農業莊園。兩個人的夢想開始落筆。

有很多人，再也回不去故鄉。而那回去的，也應該會有一段痛苦的過程。陳行長當然已經度過了這段比較難熬的創業初始期。我們都創過業，這種苦就不必回顧了，沒被打垮沒有退縮的，自然都能活下去。

言語不多的陳行長，我能夠感覺他的個性其實挺強，因為他應該是第一個 all in 的人。退步堂的院子，是他家果園；畫家們搞創作的庭院，是他自家的老宅。

陳代章和封新城兩個人的幸運就是在一個剛剛好的時間點上遇見了，並走到了一起。要不怎麼說創業的第一步首先就是得發現好夥伴呢。

我和陳行長聊的都是一些有的沒的，比如院子裡再種什麼花卉植物比較特別，那些野菜叫什麼名字。我突發奇想說佛堂村這個名字，還有這退步堂四圍的環境，特別適合種植曼陀羅花和曼珠沙華（彼岸花），以後也能讓客人們更好奇。陳行長就記了下來。

他和封新城早就同步了，現在規劃發言洗腦的工作都是封新城的，陳行長就管落實所有的實務，把規劃推進，變成現實。

但他承擔著一種更重的責任：帶領家鄉父老一起脫貧致富。

這種責任意義非凡，但在現實裡就需要克服很難想像的各種困難。

初創時期的不適應到底是什麼樣子，我沒問，他也沒說。此時的淡定已經表露出了信心，慢城農業莊園已經推動了很多具體的農業產品項目，周邊的數千畝土地已經在產出各類農產品食品。

那天從禱告村下山時，他突然把車停下來，去旁邊野地裡摘了一把野生植物，說居然發現了這種好吃的野菜，以後要種多一點。上周看他朋友圈，發現有了最新的進展，他已經在考慮規劃大規模種植那種食藥同源的野菜了，而且那種名叫菝葜的野生植物，同時也能夠淨化水質，用於綠化洱海源頭生態隔離帶。

這就是那個回到故鄉越來越有成就感的人。

慢城物產與讚美館

慢城物產讚美館開在大理古城南門。去年開業的時候，畫家葉永青、導演張揚、建築師八旬等人都在。

既然封新城和陳代章是因為賣野蜂蜜認識的，既然兩個人情投意合一起做了慢城物產，搞起了生態農業，那麼賣東西就是必然。讚美館就是他們賣東西的空間。

我很服氣封新城的命名能力。退步堂，禱告村，讚美館，每一個都自然恰當。貼近本地，又帶著詩意。

讚美館裡，主要就是賣慢城物產自己陸續上市的農產品和特產，蜂蜜、火腿、茶葉、核桃、手工藝品等，另外的空間部分，卻是慢生活的空間，可以喝茶、看書、瞭解藝術。

和讚美館在一起的，還有以雜誌為主題概念的千羽會酒店，乾淨清爽的房間，都是全球知名雜誌，最顯眼的一處雜誌封面展

大理古城南門的慢城物產讚美館內景。（攝影／封新城）

示地方，當然突出了封新城自己奉獻了半生的《新周刊》。

讚美館和千羽會酒店，以及封新城在古城北門拿下的一塊地，其意義是鳳羽全部項目在古城的根據地，未來還可以為客人安排更周到的項目服務。

這些，都算是布局。

世間的緣分

據說封新城脾氣很臭。他以前的手下如此說過。

看一個人，看他過往。他做過的雜誌，他共事過的同事，他說過的話語。這麼一看，封新城幹得真不錯：好人緣，帶出很多屬害的同事，雜誌留下了長久的名聲。

　　而年齡，也帶來了一些變化，封新城現在給人的感覺是更沉著了。

　　聊天之中，他提及過很多人。好些都是公眾人物，或者和我也有交集。這些人對他的支持，也是他的信心來源。所謂朋友的價值，就體現在你想做事的時候。

著名畫家葉永青來了

　　封新城的運氣真不錯。他的夥伴都是靠譜的。老話說得道多助，大概就是這個意思。

　　想起封新城支持大理本地人施懷基做「大理古村落田野調查」公益項目的事兒。

　　據說施懷基對「外來人」一直都抱著警惕的心理，他當初以為封新城在鳳羽搞的事兒無非也和其他投資賺錢的人一樣。但彼此認識之後施卻完全改觀，發現封新城是個比本地人還在意本地未來的激烈之人。

　　對路子。於是兩人欣然開始了合作。

　　在中國做事經商，都格外的累。因為很多困難並非來自事情本身，而是各種人的問題，對內對外，人的問題基本決定了一切。

　　在這一點上，封新城無疑非常幸運，他恰恰特別善於處理人的問題，不但如此，他還具備某種領袖氣質。簡單說來就是無論他做媒體也好，下鄉也好，他都很快能遇到一批追隨者。

　　人的問題，都是世間的緣分。

　　所謂性格即命運一說，不無道理。

　　在古代，我們這麼見面喝酒聊天的時辰，是要寫詩的。但請原

諒我才華不夠，只能引用前人的詩句來表達我的心情。

當年一直喜歡希臘詩人埃里蒂斯的這首詩：

我們整天在田野行走　同我們的女人，太陽和狗　我們玩呀，唱呀，飲水呀　泉水清清來自古代的源頭　午後我們靜坐了片刻　彼此向對方的眼神深深注視　一隻蝴蝶從我們的心中飛出　它那樣雪白　勝過我們夢尖上那小小的嫩枝我們知道它永遠不會消失　它根本不記得養過什麼蟲子　晚上我們燃起一堆火　然後圍著它唱歌　火啊，可愛的火，請不要憐惜木柴　火啊，可愛的火，請不要憐惜灰冷　火啊，可愛的火，請燃燒我們　為我們講述生命　我們講述生命，我們拉著它的雙手　我們瞧著它的眼睛，它也報以凝眸　如果這使我們沉醉的是磁石，那我們認識　如果這使我們痛苦的是惡行，我們已感受　我們講述生命，我們前行　同時告別它的正在移棲的鳥群　我們屬於美好的一代人

和封新城相處的幾天，種種場景帶來的情緒，多次讓我想起這首詩。

而對封新城、初安民這樣更老派範兒的文化人來說，他們更清晰地實踐著陶淵明的理想：

少無適俗韻，性本愛丘山。誤落塵網中，一去三十年。羈鳥戀舊林，池魚思故淵。開荒南野際，守拙歸園田。種豆南山下，草盛豆苗稀。晨興理荒穢，帶月荷鋤歸。道狹草木長，夕露沾我衣。衣沾不足惜，但使願無違。

在紛擾繁雜的時代裡，決意去做好一件事，同時安排好自己的夢想與生活，這何其快樂。

封老爺買了五輛寬輪自行車，自己騎遍了鳳羽壩子的每一個村，還構思了「環鳳羽寬輪自行車賽」。（攝影／禤燦雄）

西元 2017 年
鳳羽至鄧川的東路公路修

西元 2016 年 10 月
慢城農業莊園入駐鳳羽。

西元 2010 年
鳳羽鎮被住建部和國家文物局公布為「中國歷史文化名鎮」

西元 2002 年
鳳羽鎮油菜產量突破 240 萬公斤

西元 2001 年 4 月
鳳羽鎮評為「省級歷史文化名鎮

西元 1999 年
鳳羽硯傳承人段臻然製作的「九龍大硯」，
被選送到昆明世博園中國館珍品廳。

西元 2000 年
撤鄉建鎮。

西元 1958 年
改設鳳羽公社，鳳羽區。

西元 1956 年
設鳳羽鄉。

西元 1912 年（民國元年）
浪穹縣改洱源縣，鳳羽隸屬洱源縣。

西元 1842 年（清·道光二十二年）
進士趙輝璧在鳳翔書院開設雙語教學，即在白
話授學的基礎上，增設北平語（現在普通話）
課講學，並出資助學。

西元 1856 年（清·咸豐六年）
杜文秀部血洗鳳羽，燒毀廟宇道觀無數，明
代鳳羽智光寺在此次戰亂中焚燒乾淨。

西元 1729 年—西元 1831 年（清·雍正至道光年）
舍上塝村（今鳳翔村）連中四進士：張淖（雍正己酉科）趙輝璧（嘉
慶丙子科）施化理（嘉慶癸酉科）施壽椿（道光辛卯科）

西元 1692 年—西元 1726 年（清·康熙至雍正年）
由元代鳳羽義學館設建為鳳翔書院。

西元 1639 年（明·崇禎十二年）
徐霞客遊歷至鳳羽，流連七日。

西元 1615 年（明·萬曆四十三年）
明代第一開科舉人，鳳羽鳳翔石充張大觀，
奪乙卯科舉人，出任湖廣宜彰縣知縣。

西元 1410 年（明·永樂七年）
鳳羽土司尹宗進京面聖，永樂帝親授尹宗為「佐
仕郎大理鄧川州浪穹縣鳳羽巡檢土司」。

西元 1383 年（明·洪武十六年）
撤鳳羽縣，併入浪穹縣。

西元 1270 年（元·至元七年）
設鳳羽縣，元朝設雲南行省，建
學，興儒教，建鳳羽文廟。

西元 937 年（大理國）
設鳳羽郡，並修建鳳羽城。

西元 936 年（後晉·天福元年）
鳳羽鎮蝗塔修建。

西元 738 年（南詔王國）
南詔國置鳳羽縣。

西元 266 年—西元 316 年（西晉）
鳳羽鳥弔山被西晉郭義恭載入《廣志》，比
魏酈道元《水經注》記錄鳥弔山早五十二年

元 2011 年
球人口突破 70 億。

西元 2001 年
美國發生「911 恐怖襲擊事件」。

西元 2007 年
蘋果公司推出首款
智能手機 iPhone。

元 1991 年
一個網頁誕生，人類進入互聯網時代。

西元 1999 年
義大利發起慢食運動，後演變成慢城運動。

元 1945 年
一次綠色革命，又稱種子革命。

西元 1969 年
美國太空梭「阿波羅 11 號」首次登月，人類第一次登上月球。

元 1914 年
一次世界大戰爆發。

西元 1935 年
有機農業之父、英國霍華德爵
士出版《農業聖典》。

西元 1939 年
第二次世界大戰爆發。

西元 1760 年－西元 1840 年
第一次工業革命。

西元 1666 年
牛頓發現了萬有引力定律。

元 1644 年
州開始啟蒙思潮，擴展為被廣泛擁護的一種思想運動和信仰運
，後導致現代科學（Science）的興起。

元 1492-1502 年
大利人哥倫布發現美洲。

西元 1500 年－ 1530 年
歐洲文藝復興全盛期。

西元 1045 年
畢昇發明了活字印刷術。

西元 630-894 年
日本派出「遣唐使」。

元 533—544 年
魏農學家賈思勰著《齊民要術》，這是中國和世界上現存最早最完整的農業百科全書。

區念中。

封新城
瘋於野好過裝於朝

文 / 區念中　攝影 / 楊和平

1

晨早，大理，鳳羽壩子。

晨光瀉進書房。

內牆中央的壁爐，爐堂裡還留著昨夜的殘燼。

雲南小粒咖啡，豆子在手搖的機子裡慢慢滾動，

第一杯淡淡的清咖啡，開始了封新城的晨課。

他喜歡坐在書房前露天平台的木椅上，

把咖啡和要看的書，放在用古老門板改成的茶几上。

晨風清爽，紅色的三角梅輕輕飄落，

目光越過園子裡的梨樹，遠處是鳳羽壩子的河谷和田野，

雲霧繚繞的蒼山。

2

《新周刊》無疑是雜誌界中的奇葩。

作為曾經的執行總編，在那些切中時脈、古惑新奇的觀念中，

老石頭的蒼與小野花的豔，是鳳羽壩子的標配。

封新城以創造出各種「好玩至死」名詞為樂。

這種多少帶有一點惡作劇意味的活兒，在他看來，是最重要和最有創意的工作，「真有意思，」他說。

如今，雖居「退步之堂」但看來惡習未改，《新周刊》的幻象仍如影相隨。

在這個叫佛堂的村子裡，蒼山空濛雨亦奇。

雞閒犬臥，院子後門紅色泥磚砌成的門柱上，焚過的香枝條條，還插在磚縫上。

回歸佛堂，是對土地的敬畏。大地從未離我們而去。

「大隱於市，小隱於野」，還有一種隱，封新城說，嘴角上閃過《新周刊》式的狡點，叫「微隱」。

　　3

這個在佛堂村「微隱」的隱士，或許本質上仍然是個詩人，「80年代，我主修的是詩歌和理想」。

告別了在雜誌的銅版紙上寫詩的日子，如今他在彩雲之南一個叫鳳羽的山谷裡書寫。

除了他揮起鋤頭挖地的動作看得明白外，在他的篇章裡，有許多無論是當地人還是外地人聽來都是雲裡霧裡的「詩句」——鳳羽壩子的大地藝術谷，石頭古村的廢墟活化，高黎貢山的「封老爺」古樹老茶，慢城農莊當地土產的時尚開發，是寫在大地上的朦朧詩行。

土地是柔軟的，詩行卻如內心不馴服的奔馬。

幽徑通往退步堂的正門。

4

是夜，白族的火把節，村村燃起火把。

退步堂外，封老爺點著了火把，映紅了佛堂村的一片天。

古道無行客，寒山獨見君。總有一兩古道行客來訪，有好奇的香港朋友問：「唐布袋和尚禪詩：手把青秧插滿田，低頭便見水中天；心地清靜方為道，退步原來是向前。退步堂主人是師法古人之意嗎？」

封新城端起紅酒杯子，仰起脖子，「說是微隱，其實是做鄉人；說是做農莊，其實是守護白族古村落啊。」

我笑，你這哪兒是「微隱」啊？看似閒庭信步，其實哪一步不要「步步玄機」費盡心機？一個「微隱」的烏托邦啊。

又有一眾文青友人哂之，或說，「一個悲觀主義者積極的逃避。」或說，「生活的最佳狀態，是冷冷清清的風風火火。」

只有一個資深傳媒人道出真相，「我看他真是瘋了。」

封笑，「瘋於野好過裝於朝」啊。

圖／由作者提供

「高級封」
以前主編雜誌，現在主編自己的生活

文 / 于靖園

　　2017 年 5 月，春夏交至，我再次來到大理。從昆明出發，半個多小時的飛機行程，我看著窗外形色變幻的雲朵，咬著果汁的吸管，聽著封先生講課。他最頻繁說出的詞是「高級」。這個高級關乎兩性、關乎藝術、關乎生活方式……

　　封先生很喜歡大理，他所理解的這種生活方式，極其富有高級感。他正在這裡，創造著他心目中——舒適且具有美學意義的——高級感。

　　這個在生活中並不完美的人，有著固執的脾性，容易發怒，言語直白毒辣，對自己的觀點堅守執拗。這種性格特點或許是由於他對自己的那份自信。但有時候看著他自信的背影，又覺得很孤獨寂寞。而他排解寂寞的方式，從來都是更新自己。後來，不斷更新的他，又朝著新的方向邁去。大理鳳羽的退步堂與隨之相應的慢生活，就是他服老，卻又勇敢得充滿力量的作品。

　　當時我不知道他的鳳羽、他的退步堂是怎樣的呈現，我只是沉浸在自己的情緒中，覺得待在大城市裡慣性到了舒服的狀態，

不願意去看大理的天高雲淡與無垠曠野。

　　下了飛機，封先生的合作夥伴陳行長來接我們。有些顛簸的公路上，我絲毫沒有感覺到心靈被洗滌，反而有一種身心疲憊想要就地休憩的惰懶。

　　封先生繼續講述他的退步堂，他的設想，他的理想。對比起來，他比我更像個朝朝日上的年輕人，思想和行動都那麼超前，那麼活躍，那麼有意思，而又不失穩重的姿態。

　　我下了車，感慨著大理魔法一般的天色變幻，身體的左側是豔陽高照，右側已經是烏雲密布，太陽底下可以熱得出汗，再走兩步到樹蔭下，則需裹緊扎實的羊毛大衣。我隨著封先生一路往前，圍著牆邊的樹枝走在土地充盈的石板路上。「要從這兒進去，這是正門，我們要走這個門……」

　　他那些講究的說辭，讓我覺得有點莫名其妙。我跟著他走進了一個小門，接下來是有著坡度的石板路、石頭、泥土、樹枝、樹葉，我的眼裡只有這些……而我的心裡裝著沉悶，也顧不上眼裡有什麼。直到……我走上一個小坡。如果用通俗的形容來表達，那麼，映入眼簾的就是宛如油畫般美麗的庭院——退步堂。

　　深棕色的木頭台階，大理石堆砌著往上延伸的池塘，裡面鋪滿了鵝卵石，承載著游動的金紅色魚群，在池塘的右側，是一排顏色美麗的磚瓦、石頭、竹子搭建起來的，極具格調又非常雅致的房屋。每個房屋都有著自己的小庭院，令人心動神往。我有些被眼前的景致「震撼」得呆住了。封先生邊嘲笑我邊跟我介紹這是白族著名的設計師八旬的作品。我走進我的房間，房間非常寬

敞，屋頂也很高，一側是皮質長沙發，茶几上擺著特色的茶具，另一側是雪白的浴缸、紗簾、灰石地板的單獨淋浴隔間。中間，是一張非常大的床，我躺在上面，打開床頭櫃上的 Bose 音箱，連接著手機裡的音樂，幾乎不願意再動了。但是封先生執意讓我參觀他那風情又奢華的臥室，床上鋪著柔軟的皮草，木櫃子上擺著設計感極強的小物件，而四面的牆上，有巨幅的油畫，還有小幅的作品，隨便一問，竟然都是大師作品，價格要用兩隻手來數。嗯，我承認這很高級，但是我也知道，封先生所提的高級不是物質上的，而是精神上的。

我們繼續順著階梯往上走，走到了退步堂的最中間地帶，那裡是封先生的書房兼會客室，裡面是形形色色的書籍，還有他獲得的大大小小獎盃。沙發圍繞的是一個壁爐，這並非裝飾，雲南大理的早晚溫差很大，壁爐的功用完全可以發揮出來。書房的旁邊是一個餐廳，很簡單別致，牆上是小幅的達利關於食物的作品，風趣應景。

我回到房間躺下，發現床褥底下還偷偷塞了電熱毯，讓人渾身暖暖的，特別舒服，連上手機藍牙，我特別俗氣地打開一首流行歌曲〈魔鬼中的天使〉，循環播放著進入了夢鄉。

我不認為這是一個不能俗氣的地方，這裡很生活，也很自由，生活方式完全來自於自己的選擇。

再醒來已經是晚飯時間，升起了煙火，一下子有了熱鬧勁兒。封先生的朋友──土豆網創始人王微，一起在退步堂的餐廳吃了飯，又轉戰到隔壁的書房，圍著壁爐烤著火，聊著天，喝著紅酒。

這真的是相當文藝了。我恨我當時沒有太多文藝的心情，不能吟詩作畫，只得聽著環繞聲下李健的〈父親〉，看著眼前的父親對王微說：「就像歌詞一樣，我在她面前，就是一張舊報紙！太可怕了。」可是這張舊報紙卻歷久而彌新，他不止內容豐富、詩意，還一直走在時代的前沿，永遠新銳。是的，新銳這個詞就是他創造出來的，而他本身，也完完全全代表了新銳。

我未曾太多拜讀過這張「舊報紙」的文字作品，只聽聞他年輕時熱愛寫詩，而現在，則成為了微博、微信朋友圈的愛好者。在微博坐擁四百三十五萬粉絲的他偶爾還會寫一兩句短篇詩歌調侃生活。但是更多時候，他並不動筆，只是簡簡單單，把生活詩意化。擁有靈魂的文字沒有消失，再度輪迴。就像一場文字生命的延續。

接下來的幾天，我，每晚就固定在這個壁爐旁，搖晃著酒杯，聽微鯨電視的總裁李懷宇和李太太，我的偶像李健……有意思的人，頗有意思的侃侃而談。這讓我想起了封先生的第一本書《真有意思》。我也覺得，封先生和他的朋友們在一起對談，太有意思了。鳳羽，退步堂，真是一個美妙的地方。

想起前幾年來大理待在依山傍水的奢華別墅裡，聽聞封先生在一個叫鳳羽的地方當起了地主，正在一步步地建造庭院、書院……我還嗤之以鼻，不肯前去，並把籌畫中的退步堂想成路途遙遠，杳無人煙，破舊的山旮旯。而現在……我想起了封先生的話「過段時間再回想就會覺得自己可笑」。確實，如他所言。有點可笑。

現在的退步堂，是蒼山洱海間一個通透，讓人呼吸極為舒暢的地方。這裡的主人很先鋒、很新銳，這裡的樣貌又像其主人的

內心一樣，很柔軟、很清澈。

　　以前的我年紀還小，少年氣盛，對於他做的所有東西都不太理解，只覺得他是一個脾氣不太好、頑固、強硬又站在很高處可能時常會高處不勝寒的人。現在，我知道他的內心如此溫柔，善良。他默默為許多人做了許多事情，連該得的利益也摒棄，只為自己想做的一件事，想要的一種生活，想達到的一種理想，堅韌執著。

　　我想起，在很多很多年前，在兩側都是麥田的高速公路上，他的第一份事業在繁盛之時，他就對我說過：等我年紀再大一點，我就想找一塊地，過鄉村生活，偶爾去學校講講課，悠哉，足矣。回顧當時他說的話，現在竟然以一種非常柔韌的方式兌現了。知停而後升。在這片土地，他放慢腳步，暫停歇息，舒適耕耘，再緩緩上升。

　　抬頭看，我想，或許在這鄉野間，他找到了他的那片鳳凰之羽。

（作者為封老爺的大女兒）

退步堂對面羅坪山頂的馬群。（攝影／施懷基）

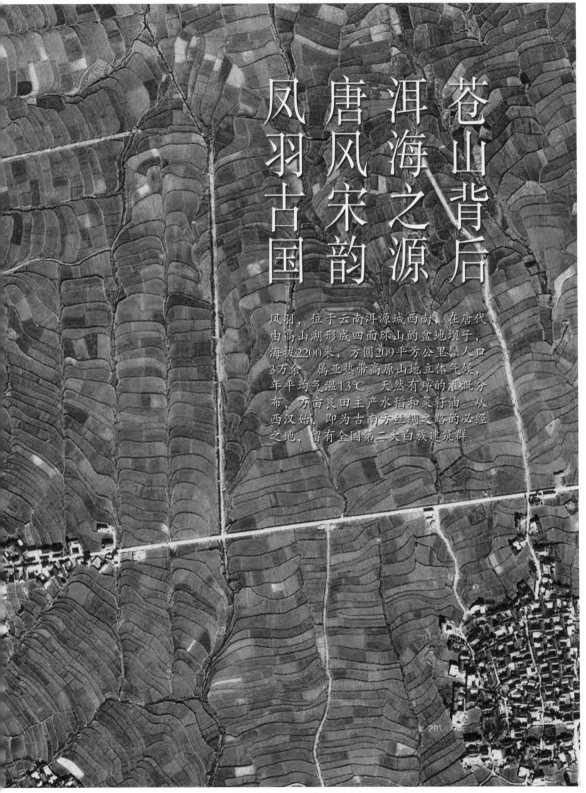

苍山背后
洱海之源
唐风宋韵
凤羽古国

凤羽，位于云南洱源城西南，在唐代由高山湖形成四面环山的盆地坝子，海拔2200米，方圆209平方公里，人口3万余。属亚热带高原山地立体气候，年平均气温13℃。天然有序的灌溉分布，万亩良田主产水稻和菜籽油。从西汉始，即为古南方丝绸之路的必经之地，留有全国第二大白族建筑群。

2014年11月15日出版的《新周刊》「軟鄉村酷農業」專題中首次出現鳳羽圖。

唐風宋韻 鳳羽古國

攝影／禤燦雄

鳳羽下漆樹村，非遺傳承人白族文化史料收藏家楊汝雄。（攝影／禤燦雄）

文墨之鄉出才子，楊明高夫婦
一家連續三代考上名校。

大理電視台主持人曾曾已經在考慮到鳳羽開第一家民宿。（攝影／邵宇鵬）

鳳羽：夜晚的燈火勾勒出唐朝的湖邊。（攝影／王開福）

從新銳榜爺到退步堂主，從「找個地方躲起來」到「知停而後升」，
回看這個用《新周刊》寫詩的傢伙，其實早就埋下了用鄉土作詩的伏筆。

1999 年 5 月 1 日刊

2017 年 8 月 31 日，著名畫家葉永青在佛堂村農民畫社現場所作日式門簾畫稿。

來來亭名字取自封老爺日本考察時吃的一個拉麵品牌，在退步堂，來來亭又解讀為來，來，停。（攝影∕霜燦雄）

果園土坯壘成的柴扉門和看果園的小土屋，都被完整保留在退步堂裡。（攝影／封新城）

兩點到四點是雲南的正午，可以直接到來來亭烤太陽、打盹兒。（攝影／禤燦雄）

7月，雨天的退步堂也會生火。（攝影 / 石梓峰 楊青青）

池邊的銅魚是封老爺從廣東帶來的，常常被來訪者信以為真。（攝影／封新城）

元有下院退步堂，
啟用於 2016 年 7 月
9 日。

下院楊院長。

設計師八旬新近完成的
兩個山居作品，一路之
隔，上院名天馬草堂，
下院名退步堂。最為驚
豔也讓人會心一笑的是，
兩個院落各有一標識性
建築以寫照院落主人：
上院主人是一空中飛人，
故橫空飛出一廊橋，寓
意隨時準備登機；下院
主人為一莊園主，故樹
叢中隱一茶亭，其名來
來亭，諧音來，來，停。

兩隻小狗在池邊的草地嬉戲。（攝影／封新城）

封瀟瀟來訪時，參觀老爸的臥室。牆上的大幅油畫是著名畫家蘇新平的作品，曾作為《新周刊》「中國記憶榜」的封面。（攝影／封新城）

四五個月後，少爺已全然適應了它退步堂主人的角色。（攝影／封新城）

2018 年春節，成都、廣州、
深圳、上海的朋友們來鳳羽
過年。（攝影 / 王承雲）

來的朋友們都誤以為這是退步堂的正門，封老爺會不厭其煩解釋這是後門，並堅持帶著大家繞到下面的柴扉正門進院。（攝影／禤燦雄）

草堂望向羅坪山，因為視野開闊，封老爺戲稱這裡是主席台。（攝影／石梓峰 楊青青）

後有上院天馬草堂，
啟用於 2017 年 3 月 27 日。

上院寸院長。

這是天馬草堂最特別的設計，伸向泳池的玻璃長廊，封老爺戲稱為空中飛人鄰居的飛機廊橋。（攝影／禤燦雄）

（攝影 / 石梓峰 楊青青）

天馬草堂（上院）西式風格的餐廳。（攝影 / 丁小貓）

天馬草堂的客房臥室。（攝影／石梓峰　楊青青）

天馬草堂餐廳旁的泳池，最適合夜晚的戶外派對。（攝影／石梓峰 楊青青）

我的空中飛人鄰居

我和瑞剛在 80 年代不認識，在蘭州不認識，後來因傳媒而相知相識，
再後來又因大理越走越近，成了今天著名的鳳羽鄰居。

攝影／八旬

鄰居回來了，大門春聯橫批「空空如也」也被「春天快樂」代替了。（攝影／封新城）

歡迎瑞剛，回到生活！

封老爺在楊媛草、黎瑞剛婚禮上的致辭

　　我是在 2018 年 8 月 19 號下午 2 點 35 分收到這個喜訊的：瑞剛給我發來微信，說 11 月與小草大婚，邀我和八旬、陳代章三個雲南山民現場觀禮。我說，沒問題，就盼著這一天呢！

　　但瑞剛接著又派了我一個任務：做伴郎。緊接著，小草又細化了這個任務：要把我在婚禮上說的話先寫出來，因為要翻譯給在場不懂中文的朋友。做伴郎是第一次，做伴郎說話要審稿更是聞所未聞。這個任務讓我緊張了差不多三個月。

　　這三個月裡，我一直在想：為什麼我會被選為瑞剛的伴郎？是因為我帥嗎？不是，連我女兒都嫌我醜；是因為我會誇人嗎？也不是，大家都知道我擅長挖苦人；是因為我地位顯赫嗎？更不是，我現在已經從總編變成種地村民了呀。我想啊想，想了快三個月。

　　現在，我想明白了，我是那個能跟小草說明白：瑞剛是誰？從哪裡來？到哪裡去？這三個終極問題的人。你們看，總編不是白當的吧？總是能把問題拔高到常人想不到的高度上。剛才我當

125

從 2014 年春節起，忙碌的黎叔每年會來鳳羽四次。（攝影／邵宇鵬）

然是在誇張啦。但說真心話，我的確是能把瑞剛的成長、輝煌以及未來生活串聯起來的那個人，之一。

　　瑞剛的故鄉在哪裡？上海？蘭州？廣東？是，也不全是。這些都是地理意義上的故鄉，他真正的精神故鄉、時空意義上的故鄉在哪裡？

　　和我一樣，我們的故鄉在 80 年代，村口有棵大樹叫北島。這句話，我曾當著北島的面說給北島。他哈哈一笑，全懂了。那個年代，北島是青年們的偶像，像瑞剛和我這樣優秀的大學生都寫詩，都各有成就，瑞剛還是復旦大學詩社的某任社長呢。

　　我想說的是，就像我們曾是傳媒的聖徒，瑞剛和我也曾是詩歌的信徒，經過 80 年代的洗禮，這樣堅信自己理想潔身自好的人，這樣有價值觀潔癖的人，早已是中國社會的稀有動物。小草，能與瑞剛這樣的人相伴，是你多大的福分啊。當然，福分之上，是你的眼光，特別是你精神上與瑞剛的匹配。

　　說到蘭州了——我們都曾是蘭州戶口的人，也都憑著自己的努力走出了蘭州。相信蘭州更讓瑞剛刻骨銘心，因為蘭州我是因上大學自己選擇的，而瑞剛是因父母沒得選擇。但蘭州給了我們同一種可貴的品質：隱忍。我記得瑞剛跟我描述，高考前他在火車站附近一間小房子裡，深夜裡火車燈打過來，照亮了整個房間，他發誓：一定要離開這裡！

　　所以，小草，上海男人的隨和乘上蘭州人的隱忍，這表明：你可以隨便欺負瑞剛。

　　很多來自 80 年代的人，進入新世紀後，就逐漸失散了。我和瑞剛在 80 年代不認識，在蘭州不認識，後來因傳媒而相知相識，

鄉野婚紗照。（攝影／封新城）

再後來又因大理越走越近，成了今天著名的鳳羽鄰居。

　　十二年前的 2006 年，《新周刊》中國電視榜上我們第一次見面，後來做總編訪談錄採訪他，離開《新周刊》那年瑞剛當選為年度新銳人物。你看，我對瑞剛是如此認同，而且如此隆重地認同。

　　我想說，我對他最大的認同倒不是他事業上的那些成就，而是，作為朋友他值得託付。注意，這是一個男人說另一個男人值得託付。大家知道，我離開《新周刊》是我人生的一個灰暗時刻，是瑞剛托住了我，幫我度過了那個艱難時刻。此處有括弧：暫不詳述，容當後報。

　　終於要說到鳳羽了，那個我和另外兩個山民來的地方，蒼山背後洱海源頭的一個高原壩子，我和瑞剛小草等等朋友將來養老的地方。

　　不管是我的忽悠，還是瑞剛天賦異稟的嗅覺，總之我們倆在鳳羽佛堂村一人蓋了一個院子，我的退步堂，他的天馬草堂，他上院，我下院。我們來自 80 年代，朋友和兄弟之外，我們曾是詩友、老鄉、同行、合夥人，今天只是最簡單也最稀有的關係：鄰居。

　　瑞剛的院子有個意味深長又生動寫照主人的設計：飛機廊橋。這個空中飛人有大事業大使命大願景，卻獨獨沒有小生活。

　　所以我在春節時幫我這個沒有回來的鄰居寫了這樣一副對聯：上聯 - 空中飛人有鳳羽，下聯——天馬行空棲草堂。橫批——空空如也。所以我在退步堂裡想到了「知停而後升」，想到了「生命不止向前一個方向，還有，向上。」

小草把黎叔捯飭成了黎哥。（攝影／邵宇鵬）

　　所以，作為對瑞剛託付的回報，我幫他打理一個可以讓他停下來歇歇腳的地方。而今天，我們鳳羽佛堂村民們又多了個同盟者小草，她是那個真正能讓瑞剛停下來的人。

　　小草，我們一起做個鳳羽指數吧：你們回鳳羽的次數越多，表示瑞剛陪你陪朋友陪家人的時間越多，也就是瑞剛給生活的時間越多，生命的質量越高。

　　所以，今天我們參加的是一個婚禮，更是一個歡迎會：歡迎瑞剛，回到生活！

小草率閨密穿上慢城農莊的工裝，Cosplay 成老爺的丫鬟。（攝影／封新城）

兩個老傳媒人時常小聚鳳羽，漫步山間，一個聊新媒體，一個聊空間媒體。（攝影 / 蔣雲磊）

攝影／翁燦雄

蓋房子還得找八旬

文／趙淥汀

八旬認為自己是建築界的「游擊隊員」。

最開始給別人做房子時，他拿根小棍兒在地上畫來畫去；後來進步了，就拿菸盒在地上比畫。

他沒在建築界的「黃埔軍校」裡待過哪怕一天，但他有自己的武器，這武器是經驗、是生活，是白族人對自然的敬畏，對土地的景仰。很多個瞬間，他都覺得自己設計的房子，和自然是無縫對接的。

用他自己的話來說，那叫「在戰爭中學會打仗，在生活中學會蓋房」。

蓋房子

封新城找到八旬，讓他給自己建個房子的時候，八旬心裡非常忐忑。「封哥就丟給我一句話，『我不管你怎麼建，反正建不好是丟你自己的人』。」

那是 2016 年的事。封新城起初的一句「蓋房子，還得找八

135

旬啊」，讓趙八旬站在了鳳羽佛堂村的退步堂上下院門前。

最開始，八旬對這個任務並不樂觀。「院子裡都是些果樹，亂七八糟的，我當時想，房子就算蓋好了，這傢伙以後能過來住嗎？」

這種困頓的感覺，讓他想起七年前的一個場景。那是 2009 年的一個仲夏夜，導演張揚在雙廊鎮的洱海邊，手向岸邊一指：「八旬啊，你就給我蓋個房子吧，不管怎麼蓋，反正我就兩字要求：牛逼。」

為了「牛逼」二字，八旬在洱海邊建了又建，停了又停，四年磨一劍，才最終做成如今的那個「歸墅」。他在「歸墅」書房和客廳的天花上，特意設計了一層瓦片，「白族的老房子和現代房屋不同，都不吊頂的，瓦片的肌理很有意思，只是我們做得更細緻和精緻。」八旬說。

七年的輪迴，八旬又遇到了一個「要求模糊」且「期望頗高」的「甲方」。他直言，自己最怕這種在前期閃爍其詞，後期又「挑三揀四」的「業主」了。「你跟我談細一點，那我最後做得怎麼樣，都是你的責任；你跟我含糊其辭，跟我不明不白的，我的壓力反而更大。」

於是他開始觀察封新城，和他聊天、喝酒，陪他唱歌、吹牛。他關心和注意封新城的朋友圈，也留意起老封對日常生活的評論和感悟。「你給人蓋個房子，總得先瞭解一下他的喜好，他所在的圈層吧，要讓他的朋友來了以後，進門就會發出類似『喔』的讚歎。」

他開始發現，封新城朋友圈層的特點：大部分身居一線城市，大部分屬於城市中產及以上，他們大都注重生活品質，有些人的癖好和「毛病」還不少。這些人有個最大特定：都對回歸自然懷有某

退步堂（下院）天馬草堂（上院）於 2015 年 1 月動工。（攝影 / 陳代章）

種天然的響往。

「老封的很多朋友為什麼都羨慕他？因為大家都有一顆『隱士心』。」八旬說。

玩情調

八旬認為自己的設計是「有感情，講情調」的。

他一直記得小時候看過的一個動畫片，片中描繪的是一個類似歷經山重水複後，終於得見柳暗花明的故事：在這個地球即將毀滅之際，動物們紛紛出走，去尋找新天地。經過荒野和沙漠，經過雪山和沼地，最後竟然沒路了。

就在這個時候，動物們發現了一個山洞，於是紛紛進洞。山洞裡漆黑一片，它們害怕、惶恐，走啊走啊走啊，終於到了洞口。一腳邁出，嘩，是一個桃花源式的美麗新世界。

這種「洞天石扉，訇然中開」的場景，一直保存在八旬的腦海裡。若干年後，當他開始給別人蓋房子時，他腦海裡時不時會出現這種「豁然開朗」的景象。「那種感覺就是，哎呀，終於對了！」

他希望和空間發生某種聯繫，並接續起一段「豁然開朗」的感情，所以他對空間並不強加設計。「總是做一段，停一段，隨心所欲，不逾矩。」

為退步堂的上下兩院做設計時，起初他也不知道最終能建成什麼樣子。「我記得很清楚，有一段進亭子的小路，我一開始沒去管，等待最後要鋪路的時候，這條小路已經被建築工人踩出來了。」

於是他決定，順著那條被踩出的路鋪石子。「人對自然的感覺是不會錯的，哪怕是一條小路，更多人踏過的那個方向，肯定是走

洱海邊長大的八旬十分在意這兩個山居作品中水的運用。（攝影 ／石梓峰 楊青青）

2018 年 10 月動工，嵌於古村落廢墟中的星空餐廳（鳳羽美食堂）。（攝影 / 大力）

起來最舒服的。」

　　他覺得蓋房子和生活一樣，急不得，急了就失掉其中的情調了。「我對空間是有感情的，但你不能急，你要慢慢和它發生聯繫，慢慢為它灌輸感情。」

　　這其中的過程，便是他稱之為「玩情調」的過程。建「歸墅」時，他前後共「調了四年情」，退步堂則是兩年。

　　兩年期間，他經常閉上眼睛，把退步堂的上院假想成自己的家鄉：水流叮咚，樹蔭翳翳，一群男男女女嬉戲跑過，在石頭路留下歡笑無數。

星空餐廳效果圖。落成後將推出「吃貨萬歲！」──2019 鳳羽美食堂「牛人跨界主廚」計畫。

睜眼回歸現實後，他在上院弄了個游泳池，呼喚未來的活躍和生機。泳池旁有條路，他要求工人鋪好石頭後，再單獨鑿一遍。「我就想起自己十七八歲的經歷，光腳在石頭路上走，咯腳啊，我希望讓地面舒服起來，不能那麼咯腳，也不能那麼刮滑，將來我最愛的人在上面行走，我可不能讓她不舒服啊……」

討生活

在成為一個善於玩情調的建築師之前，八旬認為自己忍受了多年沒情調的工作和生活。

大約四十年前，他出生在雙廊玉几島村的一個造船世家。雖然是家裡的獨子，但他自稱年少時「經常被父親揍」。

「我父親最開始做大船，後來轉做工藝品類型的小船。洱海裡的郵輪，百分之六七十都是我們家族造的。」八旬說。

但他對造船毫無興趣。16 歲時，他負氣離家，去大理下關當起了船長。「給四層高的郵輪開船，每天就是下關 - 蝴蝶泉 - 下關 - 蝴蝶泉這樣往返。我算看透了，就算幹一輩子，我頂多也就是個經驗豐富的老船長。」

四年後，20 歲左右的八旬辭職回家。此後由於和父親的矛盾，兩人半年都沒說過話。

後來他就在雙廊幹起了魚類批發生意，開始了真正意義上的「討生活」。「幾十噸的銀魚放在你面前時，一股子腥臭味就向你襲來。」八旬說，自己直到今天都很少碰銀魚，也基本不吃銀魚做的菜。他說自己現在每次看到銀魚，都會想起當年在洱海邊討生活的種種場景。

八旬在台灣池上。（攝影 / 大力）

八旬和封老爺、陳代章在日本京都的四季十樂精品酒店。（攝影 / 丁小貓）

當時他曾發誓，以後有機會的話，一定不再過這種生活。

後來，他開始用閒暇時間給雙廊鎮的村民蓋房子。「那時候流行在雙廊開客棧嘛，很多人來找我設計房子，我說我不要錢。」有人說八旬人好，也有人說八旬人傻，說他「義務蓋房子，不收錢，把自己搞廉價了」。

但八旬覺得，作為沒接受過建築理論學習的「游擊隊員」，尋找一些可以練手的房子建，這反而是一件好事。「找都找不到的機會啊，我會去收村裡人的錢？」八旬說。

去修行

八旬蓋房子講究一點：材料必須在方圓十里之內找。「我特別在意那些地域性和民族性的東西。」

這興許和小時候的經歷有關。「我從小就沒有離開過大理雙廊鎮，我是白族，族人們都彼此聯繫，所以我很看重民族性。」如今他走到哪裡，都會調侃自己「普通話不標準」，即使他已經是能把普通話說得很好的白族人之一了。

「我再怎麼做，再走到天南海北，都脫離不了烙在我身上的民族元素，就像我的口音，我再怎麼練好普通話，我的氣息一出，還是會帶有老家的口音。」

他如今每年都會去一兩趟美國，每次去都租輛摩托車，往城市偏僻的角落騎。去年去西雅圖時，他和當地流浪漢打成一片，「他們身上有某種古老的東西，這很吸引我。當地人從不理他們，但我能和他們打成一片。」

後來有一天晚上，當地的混混出錢，請八旬去酒吧喝了一杯。

八旬把他在 2013 藝術酒店燒了五年的燭台送到了退步堂。（攝影 / 丁小貓）

「特別友善，這才是最本真的美國社會。」一杯酒一百美金，朋友聽說後，都覺得八旬「能讓人變瘋」。

八旬不光「瘋魔」，還是個「鼇拜」。據朋友介紹，夜間兩三點的時候，就是他情緒和思維最亢奮的時候。「他們都熬不過我。」

疲憊時，他就躺在床上迷迷糊糊，而一旦有關於空間格局的念頭一閃而過，他就立刻爬起來，先不急於在紙上記錄下思緒，只是在房間裡來來回回踱步。「後來就都忘掉了，但也睡不著了。」

他覺得蓋房子始終是一場修行。「修行嘛，你就不能強求，緣分到了，自然而然就能成。」

他自稱是一個經不起商業推敲的人，因為一般的業主在開工前，都會向設計師索要設計圖紙，而八旬從不做前期圖紙，他也不會做。他只能在對方面前邊比劃邊說，緣分到了，彼此信任，一拍即合；緣分不到，互不信任，一拍兩散。

前不久他帶了個燭台，專門擺在了退步堂下院的客廳裡。這個帶有 1 米高殘蠟的燭台，如今是下院客廳裡的一件另類工藝品。

「這個燭台之前放在我辦公室，後來我出了趟差回來，清潔人員忘記把它殘蠟鏟掉，當時就積了挺高的。我一看，可以啊，這個意境好。」

此後的五年時間裡，每次蠟燭燃盡後，八旬都刻意不去處理和淨化那些殘蠟，如今這個燭台的主體，已經變成了由殘餘蠟塊組成的一個不規則圖形。

「給人一種溫潤的感覺，和有些建築特別像。做修行就是，讓東西留在那裡，不去觸碰。後來我一想，這已經不是燭台了，而是時間。當我抬起這個燭台，我感受到的是歲月的重量。」

八旬特意從鶴慶買來了手工銅盆。（攝影 / 石梓峰 楊青）

1999 年 5 月 1 日刊

2008 年 9 月 1 日刊

2009 年 3 月 1 日刊

2011 年 1 月 1 日刊

2011 年 3 月 1 日刊

2012 年 1 月 1 日刊

2010 年 4 月 15 日刊

2010 年 7 月 15 日刊

抵抗激進世界的急功近利，
一直是這本新銳雜誌和它的
掌門人展開的另一條線索。

2012 年 11 月 15 日刊

2014 年 11 月 15 日刊

除了種地，所有對大自然的抒情都是無病呻吟。

攝影／露露

物產是萬物和人類獻給大自然的讚美詩。
我準備做個讚美館，自任首席讚美師。
我的定位是：物質文明讚美師，精神文明表揚家。

鳳羽是蒼山和洱海交會
的地方，這是非常可
識別的地理特徵，是很
牛的區位優勢，這意味
著從政府到本地白族人
都知道，在鳳羽，山乾
淨，水乾淨，空氣乾淨，
最牛的是吃得乾淨。

我要做的無非是：把人
引進來，把好物產賣出
去。讓這塊土地上的人，
重新在土地上獲得尊
嚴，並為此驕傲。

攝影／翟爛雄

攝影／邵宇鵬

鳳羽菜籽油

相傳在大理國時期，鳳羽郡進貢的菜籽油被欽定為大理國王室御用油。至今，這種菜籽油的美名依然保持長盛不衰。

「點蒼山」鳳羽高原純菜籽油正是這個千年品牌的延續。

取材：洱海源頭非轉基因優質油菜籽。

養蜂人李緒承。

蜂巢。

攝影師手記
古法養蜂出好蜜

文圖 / 禤燦雄

　　鳳羽鎮禱告村，白族張如璋夫婦正修繕蜂箱，他們所有的蜂箱都是用石頭疊砌而成，形狀各一。禱告村三面環山，是遠古的海底經過地殼運動形成，整個地區都布滿大小不一的石頭，村民們因地制宜，以石頭造屋，也順便拿來做蜂箱。蜂蜜的產量極低，但蜜蜂在旁邊嗡嗡響就像張如璋家的狗在打轉一樣，讓他安心。離張如璋家10里之外的大松甸自然

養蜂人張如璋夫婦。

村，毛順花正在收割蜂蜜，她從黃泥磚疊成的蜂巢裡小心的把填滿蜜糖的
蠟餅取出。這裡海拔 2512 米，年平均氣溫 14°C，毛順花在山間種了果樹，
布置了蜂箱，蜜蜂靠採集果樹花以及各種野花為食，產出的蜜被稱為百花
蜜。由於產量完全依靠天氣的好壞，蜂蜜一年最多也只收割兩次。毛順花
每次進山，除了修理一下果樹就是慰問一下這些蜜蜂，她說，蜜蜂靠氣味

養蜂人羅金亮。

傳播，比較敏感，你對牠溫柔，牠就不會螫你，哪怕用手把蜂王取出。

　　張如璋、毛順花、毛雄安、蘇會金、李緒承、皎康周、皎國強、羅金亮、李瑞琪……這些鳳羽的蜂農，固執著自己古老的養蜂術，踐行著人生的喜怒哀樂，也嘗著蜂蜜的甜。

這裡的蜂蜜一年只收割兩次。

養蜂人毛順花。

7 月，海拔 2500 米以上叢林中的野山菌。（攝影 / 鄺燦雄）

鳳羽菌類手繪系列

李月香／繪

雞油菌

雞油菌為喇叭形，杏黃色至蛋黃色，菌肉蛋黃色，味美。雞油菌含有豐富的胡蘿蔔素、維生素C、蛋白質、鈣、磷、鐵等營養成分。性味甘、寒。具有清目、利肺、益腸胃的功效。

紅菇

紅菇夏秋季林中地上群生或單生。是一種和櫧、栲等樹木的根系共生的菌根真菌。紅菇風味獨特，香馥爽口。其味較之任何菇類無法倫比的鮮甜可口。

黃牛肝菌

黃牛肝菌多生長在夏秋季針、闊葉林中。
其不僅營養豐富,而且具有清熱解煩、
養血和中、助消化等藥效,是真正不可
多得的美味佳餚。

見手青

見手青，是具有傷變後呈靛藍色顯色反應特徵的一類牛肝菌的統稱，物種數量龐大，隸屬於牛肝菌科，大部分歸到牛肝菌屬，也有其他一些屬。如：黃柄牛肝菌屬、絨蓋牛肝菌屬、粉末牛肝菌屬、橙牛肝菌屬等。

青頭菌

青頭菌，菌蓋初球形，本身具有與青草一般的保護色，不容易發現。很快變扁半球形並漸伸展，中部常稍下凹，不黏，淺綠色至灰綠色，表皮往往斑狀龜裂，老時邊緣有條紋。菌肉白色。

羊肚菌

羊肚菌因其菌蓋表面凹凸不平，其結構與盤菌相似，上部呈褶皺網狀，既像個蜂巢，也像個羊肚，因而得名羊肚菌。

牛肝菌

牛肝菌是牛肝菌科和松塔牛肝菌科等真菌的統稱，是野生而可以食用的菇菌類，其中除少數品種有毒或味苦而不能食用外，大部分品種均可食用。主要有白、黃、黑牛肝菌。

松茸

松茸是一種純天然的珍稀名貴食用菌類，

被譽為「菌中之王」。鮮松茸形若傘狀，

色澤鮮明，菌蓋呈褐色，菌柄為白色，

均有纖維狀茸毛鱗片，菌肉白嫩肥厚，

質地細密，有濃郁的特殊香氣。

野生油雞樅的製作

攝影／邵宇鵬

對野生菌有一定瞭解的人，一定知道野雞樅的美名。而野生油雞樅是經人工挑選後，配以鳳羽菜籽油用人工柴火炸製而成，味美不可言喻。**取材**：海拔二千五百至三千五百米的深山密林裡的野雞樅；來自洱海源頭的鳳羽菜籽油。

鳳羽豆腐乳的製作

攝影／邵宇鵬

不一樣的水源出產不一樣的豆腐，不一樣的豆腐造就不一樣的豆腐乳。作為洱海之源，鳳羽豆腐乳自然是最不一樣的。

取材：鳳羽本土優質黃豆；鳳羽純淨山泉水；鳳羽純菜籽油。

高原野花蜜

位於大山之間的鳳羽歷來是優質高原野生蜂蜜的出產地。如今物以稀為貴的「點蒼山」高原野花蜜正是產自海拔在二千五百米之上的鳳羽山間。**取材：**本土蜜蜂採集蒼山雲弄峰和羅坪山系盛開的上百種野花蜜釀造而成。

來自楚雄的王開福是食品安全
專業畢業的，也是慢城農莊的
第一個外地員工，現在已經成
為物產加工廠的廠長。被城裡
人大為讚賞的鳳羽油雞樅，就
是由他監製並參與製作的。
（攝影 / 趙輝）

攝影／邵宇鵬

走地雞不新鮮，會
看花的雞才鳳毛麟
角。（攝影／封新
城）

愛物

文／葉永青

　　所謂鄉村的死亡，其實是物產的消亡，已經不再會產生和使用自生自產的生活器物的鄉村，當然算不上鄉村了。在中國，這些地方遍地皆是，到處是低質和二手的中小城鎮。

　　這一次與封新城先生相約，一起到日本最鄉下的四國地區看看那裡的物產。老封告別了媒體生涯，在大理的鳳羽小山村修了個「退步堂」。他與我一樣，想要停留和歸去的地方，是自然自足萬物生長的鄉村，不是批發市場和淘寶網站上的二手現實。幾天下來，數不清看了多少個地方的物產館了，一個與一個不同，一處與一處不重！每個小地方，在物產和特色上的用心與會意，是那樣令人感動——愛物惜物從來不是舊時代的口號，也不是只在博物館驚歎幾句，而是一種活著與美好的生活態度。

　　「若乃人盡其才，悉用其力。」這句話是在宣導人盡其才，物盡其用。只有人盡其才，方能讓每個人都充分發揮自己的才能；唯有物盡其用，才可使各種東西盡量得到利用。分享人盡其才，物盡其用，勞動的創造與自然的饋贈，社會才能和諧發展，生命才能繁榮昌盛。物盡其用殊為不易。首先，我們必須認識到人是天地自然生態系統的一部分，人和自然是息息相通、血脈相關的整體，人類只有順應自然，才能持久健康地在地球上生存下去。其次，天生萬物以養人，這是大自然對人的恩賜，人應該敬天惜物。只有恆以敬天惜物的虔敬之心，對待生命中的每一件物品，才能達到求其至真、臻於至美、止於至善的境界。這樣的認知與美德，

190

在人欲和發展的工業速食與網路經濟的衝擊下，已經風雨飄搖不
復存在。

　　明確表達「愛物」思想的，是中國的孟子，他認為君子要「親
親而仁民，仁民而愛物」。意思是：君子由親愛親人，進而仁愛百姓，由
仁愛百姓，進而愛護萬物。這裡的物，就是指天生之萬物。「物」和
「我」的關係，是先秦哲學比較關注的一個問題。從四國的鄉村，從
那些琳琅滿目的物產館中看去，人間的勞作不曾間斷，萬物生生不息。
「天之生物也，使之一本」，天下萬物只有一個本源。有了對天
地的這種信仰和敬意，自然會愛物惜物。天地萬物對人有養育的
恩德，人會發自內心地對天地萬物懷有感恩之心。

　　過去，在我們文化中，在《大學》、《中庸》中，有很多對物
我關係的沉思。《大學》說：物格然後知至，知至然後意誠，意
誠然後心正，心正然後身修，身修然後家齊，家齊然後國治，國
治然後天下平。從這種遞進的邏輯能看出，「物」和「我」是互
為依賴的，人的一切行為都要從「格物」開始，對物的瞭解，甚
至成了知至、意誠、心正的基礎。「體物」就是人與物要感同身受，
用內心去體會物的存在，這樣才能「盡物之性」。《中庸》中說：
誠者，非自成己而已也，所以成物也。意思是，誠，並不只是為
了成就自己而已，而是要拿來成就萬事萬物。《中庸》認為，通
過對萬物本性的認知，也能推尋和瞭解自己的本性，這就是學問
的開始。「誠」代表著真實與本性，所以說依靠誠，依靠萬物相
通的本性就能夠達成自我的實現，並不需要依靠其他外力。這些
思想，都為從農耕社會傳承而來的愛物惜物思想提供了精神的養
分。

　　在中國，已經見不到這些思想的影響與痕跡，我的家鄉每年
傳統的3月街上，本地的特產全然邊緣化，人們遇到的主流商品
與萬里之外河北保定鄉鎮上出現的貨色一模一樣並無區別，它們
均來自批量生產的城市加工業，只不過更加價廉質劣。我們說的
鄉村消失，首先是「愛物」的態度消失，是創造力的消失，是鄉
物活力的消失。

攝影／邵宇鵬

當封老爺遇到「封老爺」

2016 年 7 月，洱源縣委書記李洋送了封新城一盒封老爺茶。封新城馬上與封老爺茶的製作者、保山市老市長楊經建聯繫上了，後又三上高黎貢山拜謁清末官員封鎮國的封家大院，勘察封老爺茶的原產地，也與封老爺茶的包裝設計者、著名設計師潘虎成了朋友。封新城的朋友們都對封老爺茶的品質讚不絕口，尋找封老爺茶的過程中，他們也習慣了把封新城喚作封老爺。

攝影／禤燦雄

慢城农庄
my slow life

清清白白 做人
干干净净 做事

大 地 是 画 布
THE EARTH IS A CANVAS

☐ 喬後微鹹火腿

☐ 高原原野蜂蜜

☐ 蒼山醜蘋果

☐ 青刺果涼茶

☐ 巨石咖啡

☐ 鳳羽微鹹蛋

☐ 油浸雞樅

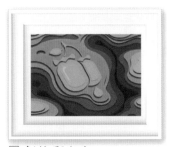

☐ 青刺果冷油

☐ 發財腐乳

"大理之礼"是凤羽公司推出的礼盒。客户要求简约雅致，突出大理特色。我对此的设计概念是"天地赐予人间的礼物"。既要有天的视角又要有土地的画面，卫星地图是不错的选择。为突出特色，将大理的卫星地图处理成此地特产大理石，意寓"石石在在，石心石意"。

封套则用了"千里送鹅毛礼轻情意重"的典故，恰好公司名字也有个"羽"字。还是为了突出大理特色，将羽毛处理成洱海的山水。厚重的石块与轻盈的羽毛组合，对比出的效果还是有些情趣的。字体费了些力气，在网友的帮助下终于找到了"大理之礼"的古白族写法，四个字的基础字形则取于云南国宝级文物，晋朝的"粲宝子碑"。"粲"字在这里指"白蛮"，也就是白族的先民。至此，花费了半个月时间终于完成了设计。报酬极丰厚，客户说："下期《新周刊》专栏你可以拖稿半个月！当设计费！"

是的，客户叫封新城。

《舌尖上的中國》海報設計者張發財是封老爺的老朋友，2013 年張發財就為《新周刊》的禮品設計了大理之禮包裝系列，後又設計了鳳羽大地藝術谷、退步堂、慢城農莊物產系列及千羽會俱樂部等標識。

土生土長的鳳羽人陳代章一步步走出佛堂村，做了十二年行長的他從未想過會回佛堂村創業。（攝影／禤燦雄）

陳代章
封老爺給他的定位是
鳳羽之星、白族之光

陳代章對封新城的第一印象是：「這人真凶。」

2013 年的一天，陳代章駕車，帶封新城和幾個《新周刊》同事前往老家鳳羽的蜂園參觀。他在駕駛室開車，聽見封新城在後排對目的地和蜂蜜的一次次發問，然後是對同事，甚至對上級一通劈頭蓋臉的抱怨。

「我當時想，『這人怎麼總是罵罵咧咧的？』」陳代章覺得，這位時任《新周刊》執行總編「可不那麼好親近」。

晚飯時，陳代章看到了另一個封新城。「妙語不斷，就覺得這個人見多識廣。」晚飯期間，封新城對土雞湯和筍尖芋頭讚不絕口，「一直誇山裡的土菜好吃。」陳代章當時心想：好吃，你有本事以後留在這裡啊，那樣的話天天都能吃！

這樣想的時候，陳代章自己已經留在老家鳳羽。用他自己的話說，是厭倦了「外面的世界」，想回老家做點力所能

封老爺經常跟陳代章講，以前做《新周刊》時，孫冕老爺子是他最大的「敵人」；現在做慢城農莊，最大的「敵人」是你。（攝影／和瑞）

為了讓陳代章明白老爺對鳳羽的全心投入，老爺經常對他說：「我死了，這裡的一切都是你的，是鳳羽的。」（攝影／趙輝）

及的事情。他是鳳羽佛堂村人，是地地道道的白族人。高中填志願時，他受在銀行工作的父親影響，填報了金融經濟專業。畢業後，他被分到建設銀行，從櫃員做起，最終做到了建行大理古城支行行長。

但他平時經常思考的一個問題卻是：這是我想要的生活嗎？

「物質層面上來說，我其實並不需要太擔憂，因為已經在銀行做到管理層了。除了平時交際應酬比較多這點之外，我的工作和收入都比較穩定。」陳代章說。

所以，當 2016 年他向銀行遞交辭職報告時，同事都不相信他能離開銀行。「他們總是問我，是不是有了更好的去處了。」

但其實他自己的主意，是回鳳羽「做點小生意」。辭職前，他工作在大理古城，每年只有在過年和節假日期間，才能抽出時間回趟鳳羽老家。辭職後，他返鄉成了鳳羽的「新鄉賢」，既有歸隱農村的情懷，又是鄉紳返鄉的義舉。

他說，自己受封新城的那句話影響最深：「與你想要的生活相比，任何工作都不重要。」

「商人屬性」和「傳媒人屬性」

2016 年，陳代章給封新城發短信，說自己已經從銀行辭職。「我記得很清楚，他當時回了三個字：知道了。」

陳代章的「小算盤」是，拉上封新城一起去鳳羽做農業。他起初對此是不確定的，「封總是媒體大老，會過來我們雲南農村做農業？」

對於合夥創業並歸隱在雲南鳳羽，封新城在日後回憶時說，自己是上了陳代章的「賊船」：「我早就知道他有意和我合作，但我

回鄉三年，陳代章也重新發現了鳳羽。（攝影／邵宇鵬）

沒想到的是，他那時真把銀行的工作給辭了。」

　　也是在那一年，從建行大理古城支行離職的陳代章，和從《新周刊》以及華人文化離職的封新城一起，跑去了雲南省內的多個地方：昆明、騰衝、麗江……他們考察酒店、民俗、文創、物產等方方面面，陳代章和封新城當時的希望，是考察出一項可以持久合作的項目。陳代章起初的想法是，「忽悠」封新城一起去搞房地產。「我們當時想過去洱源做房地產項目，那邊有 60 畝地可以開發，但封總說不想做這些事。」

　　他如今回憶起封新城當時的語氣，還是會忍不住笑出聲。「封總說，賺快錢簡直就是在侮辱他，他有更遠大的想法。他一直說我急功近利，做夢都想掙錢。但我想，賺錢肯定是最重要的事啊，你得養家糊口啊，你說是不是嘛！」

　　物產項目是陳代章的起初設想，青刺果、油雞樅、蜂蜜、茶葉、山茶油……陳代章希望把這些鳳羽當地物產推向國內市場，「但封總野心更大，他想玩票大的。」陳代章說。

　　在陳代章看來，「玩票大的」的一個直觀體現，是封新城對鳳羽大澗山古村落的規劃。陳代章在 2013 年去過一次山上，開發村落的念頭當時曾在他的腦海裡一閃而過，但隨後便打消了這個想法。

　　「我覺得這是吃力不討好的事情，開發山和村落，你的投入要很大，但回報率和回報周期卻很小而且很長。」銀行系統出身的他經過一番權衡，放棄了這個沒有清晰盈利模式，也無法直接變現的村落開發計畫。

　　但這個被放棄的計畫，卻被封新城又重新撿了起來。「我後來陪他（封新城）上山，他立刻就覺得應該把村落和山體就地保護起來，

凤羽慢城农庄（陈代章）
这是位于新泻西浦区的一四番小乡村，新泻是日本屈指的粮食产地，是有名的"越光牌"大米产地，这里乡村真干净，各种井井有序！

2017年5月19日 16:40

這是封老爺帶陳代章第一次走出國門——去日本新潟時發的朋友圈。

但換作是我，我會覺得，這還不如去開發房地產來錢快呢！」

封新城曾說，陳代章做事時體現的是「商人屬性」，自己體現的則是「傳媒人屬性」。陳代章對此表示認同。

「我就覺得地產是實實在在擺在那裡的，是可能在短期內變現增值的，是穩賺不賠的。如果我們那時候把洱源那塊地盤下來的話，可能早就成富翁了。但封總不希望做那些事，他覺得那些事不是他應該去做的。」

陳代章和封新城就像兩個彼此咬合的齒輪，相互扶持才能帶動鳳羽繼續轉動。

在兩人的合作中，封新城曾說過好幾次氣話。「有時我氣得厲害，就會直接吼：『清盤了，不跟你玩兒了！』」

白菜　大根

生态种植　慢城农庄试营业……

清清白白做人

2018 年 10 月 10 日慢城農莊蔬菜直營店開業大受歡迎之後，陳代章的朋友圈開始頻繁出現他舉著蔬菜傻笑的鏡頭。（攝影 / 慢城農莊員工）

陳代章自己說，以前鳳羽幾十年不來一個外地人，現在一個月內就有幾批來自天南海北的各種高人。（攝影／趙輝）

　　每當受到「分家」威脅時，陳代章總會忐忑不安。2016 年，兩人在鳳羽成立大理千宿文化旅遊發展有限公司，封新城任董事長，陳代章任總經理。

　　而陳代章至今記得自己被「封董事長」教訓過的一件事：「有次我喝了點酒，然後給他發了幾條微信，告訴他，古村落保護應該怎樣怎樣做。我當時發的是文字，但他立刻給我回語音，說：『你不要再喝酒了！酒後別談工作！』我一聽嚇壞了，他當時語氣很凶的。」

　　兩人的意見也經常發生分歧。「有時他急了會罵我：『文化藝術的事情，你根本就不懂！』」陳代章承認，自己的視野和眼光並不長遠，有時難免急功近利，封新城在這方面能為公司把關，「他是公司未來發展和規劃的總設計師。」

　　相互合作的過程中，兩人也對彼此的特點和性情更加熟悉。「封總想法和點子多，但他總愛變化，這讓我們都很難辦。所以後來我想通了一點：如果和他發生重大意見分歧，而我又覺得他只是天馬行空，沒有太多實踐的可能的時候，我就會刻意把事情拖一下，延緩一下進度，不立即去做，讓他能夠在一段時間內自己調整策略，自己糾正那些錯誤。」

　　這是陳代章這幾年下來總結的一個「經驗」。「封總是性情中人，特別感性的一個人，特有激情，而且很有情懷。有時候我看到『嫉惡如仇，愛憎分明』這樣的字眼，就會立刻想到他。」

陳代章父親的肖像。（繪圖/彭鋼）

　　前南方電視台台長區念中說，陳代章和封新城就像兩個彼此咬合的齒輪，兩人只有相互扶持，協同相助，才能帶動鳳羽繼續轉動。

　　「我們的圈層和領域不同，我擅長的事情他不擅長，比如他做不到去平衡各方面的利益關係，去交際應酬，這些事通常都是我在做；我也做不到對那些項目做出有遠見的判斷、分析和策劃，我只顧著眼前的利益，這點封總比我強太多。」

　　陳代章有時覺得，是封新城在推著自己往前走，推著自己走向鳳羽，走回自己的家鄉。「很多人說我是新鄉賢，但其實他才是真正的新鄉賢。」陳代章說。

2018年9月28日，陳代章和母親、妻子邵發菊送兒子陳德高去日本留學。（攝影／禰燦雄）

陳行長返鄉記

文／于靖園

今年 42 歲的陳代章，戴著眼鏡，書生氣，又純樸。大家都叫他陳行長。

細細詢問，才發現，屬於他身上的名頭，有許多前任行長——建設銀行大理漾濞支行、古城支行、興國支行行長，華夏銀行大理分行副行長。可是，他現在唯一的職務卻是大理洱源鳳羽慢城農莊總經理。農莊二字，昭示了他又重返鄉村。

銀行行長返鄉，這是許多人不可理解的。他為什麼放棄高薪穩定的工作，回到鄉下進行創業？是什麼促使他再次回到他曾離開的這片土地？2013 年，因為工作關係，陳代章認識了封新城。

在閒聊之中，封新城給陳代章介紹了精緻農業和越後妻有大地藝術，在他封新城眼裡，鄉村是能讓人心底柔軟、湧起鄉愁的鄉村，是有情懷、有溫度、有夢、有詩意的「軟鄉村」。回歸這樣的鄉村所從事的農業，也不再是勞苦、悲情、乏味的舊式農業，而是新型的、時尚的、有創意的、有價值觀的「酷農業」。

一席話，一下子點燃了陳代章返鄉創業成立農莊的想法，經過一段時間的思想鬥爭和準備，陳代章於 2016 年 5 月毅然決定放棄銀行行長職務，返回鳳羽老家創業，並註冊了大理千宿文化旅遊發展有限責任公司，成立了鳳羽慢城農業莊園。

之所以選擇鳳羽鎮，是因為鳳羽是陳代章的老家，也是大理洱海的源頭，生態條件在大理屈指可數，同時，鳳羽又是貧困地區，村建檔立卡戶比較多，從個人的感情和對土地的瞭解，對陳代章來說，從鳳羽起步都是首選，在他心裡，他要參與建立的不僅僅是一個農莊，從更廣闊的意義上來講，他希望通過他們的陳行長

返鄉記努力，讓農莊發展的同時，帶動鄉親們過上好日子。陳代章意識到，種地其實是一門學問，推動鳳羽精緻農業，可以保護大理每一寸土地。

　　帶動鄉親們過上好日子這個心願在他心底深植不散，經過兩年多的努力，鳳羽慢城農莊初具規模，目前已經在鳳羽流轉了4000多畝荒山坡地，主要種植蘋果、核桃、花椒、有機瓜果蔬菜，和貧困戶合作共建了2000多畝青刺果、高原生態食材基地。

　　現在，這位戴著眼鏡的前銀行行長，每一天都像勤奮的蜜蜂一樣，晚睡早起，查看農莊裡的每一寸花草，然後在食材基地上細心研究探索。在陳代章心裡，做鄉村農莊是一件值得慶幸之事。

（本文摘自《小康》2017 年 28 期）

印象畫派般的鳳羽田園。（攝影 / 封新城）

阿紫香
我的家鄉叫鳳羽，
那是我的世外桃源

組圖攝影 / 褶燦雄　文 / 曾曾

　　我叫阿紫香，土生土長鳳羽姑娘。我第一次離開家鄉是上大學，到中央民族大學學會計，畢業後到了中科院就職。可是按部就班的生活覺得沒意思，後來姑姑告訴我，我的奶奶在上世紀七八十年代做珠寶生意做得很好。我就辭職去上海學珠寶設計，去深圳學鑒定，現在跟隨工藝美術大師王鵬學習。

　　我的家鄉叫鳳羽，那是我的世外桃源。上大學剛來北京，一看到家鄉照片就會哭鼻子。我就常常想像自己躺在鳳羽的草地上，鳥叫蟲鳴，山風習習。我和小夥伴吃著好吃的。我喜歡酸，從樹上摘下青梅蘸鹽巴和辣椒；從地裡找一種白族話叫「搞樂」的野菜，拌上滷腐，放在手掌上舔；摘下桑葚放竹筒裡搗爛，用筷子蘸著吸，用紫紅的汁液抹個大花臉逗小夥伴們取樂。想到鳳羽的吃，我的口水不自覺地流出來，笑意不自覺地浮上來。

我最喜歡鳳羽秋天的清晨。早上去上學，太陽剛剛出來，稻田黃燦燦的，稻葉上沾著晶瑩的露珠，霧氣升騰在壩子裡。我在這樣的朦朧美中深呼吸，心裡清亮亮的。我喜歡家鄉人的淳樸善良，每一家每一戶都像親戚一樣，每次去同學家玩，同學的奶奶都會給我她親手種的瓜果蔬菜，拿也拿不動。

　　我是家裡的乖乖女，做過最出格的事是初三那年一個人悄悄溜到昆明。那年，從小把我帶大的外公生病了。外公平時對我很嚴，吃飯不准有聲音，笑不能露齒，坐不能歪斜，我很怕他。外公常和我說，要我記得他照顧了我幾年，長大也要照顧他幾年。那年外公病得很重，我很害怕外公等不到我長大照顧他，於是我自己決定要去打工掙錢給外公買好吃的。當時我一個人在昆明的街頭不知所措，只有淚水沖刷著我的傷心。後來媽媽把我帶回家，我休學一年照顧外公，他走後那段時間，我的夢裡全是他。

　　我還沒有搞清楚未來要去向何處，但我想為我生長的地方做些事情。我一直想把村裡的觀音廟修一修，一次夢裡回去修廟，住持說已經有人修好，我就著急醒了。鳳羽人對佛和神靈都很敬重，我也一樣，那片土地對我來說有一種神聖感。

我有一個夢，叫歸隱。我不喜歡城市喧囂，希望有一天能回鳳羽開禪房，和投緣的人喝茶聊天。

這期雜誌出版的第七天，封老爺發現了他的鳳羽。

2013 年 11 月 1 日刊

空中拍攝告古村。（攝影／大力）

在鳳羽壩子中，最常見、數量最多的民居是以「坊」為單位的傳統白族合院民居。坊是三開間兩層高的一幢建築，坊可以是正房也可以是廂房，通常一坊正房的左右兩側各帶一座兩開間二層高的耳房。用正房、耳房、廂房組合成模式固定的院落形式，即「三坊一照壁」或「四合五天井」白族合院民居。大型院落以「三坊一照壁」、「四合五天井」的院落單位進行組合，從而形成規模龐大的建築群。白族合院民居的院落組合模式，院落中的照壁、三滴水門樓等建築元素，以及院落的彩畫雕刻等裝飾裝修，院落的鋪地綠化

等等，形成了頗具白族傳統文化內涵的建築風貌。推測早期的白族合院民居可能是白族本土建築土庫房與中原合院民居相結合的產物。

　　土庫房的最大特點是用卵石及蒼山片麻石砌築外牆，形成淺灰色的統一格調。因為蒼山溪流中鵝卵石豐富，蒼山盛產大理石及各種石料，方便就地取材，獲得廉價的建築材料，是形成土庫房的主要原因。

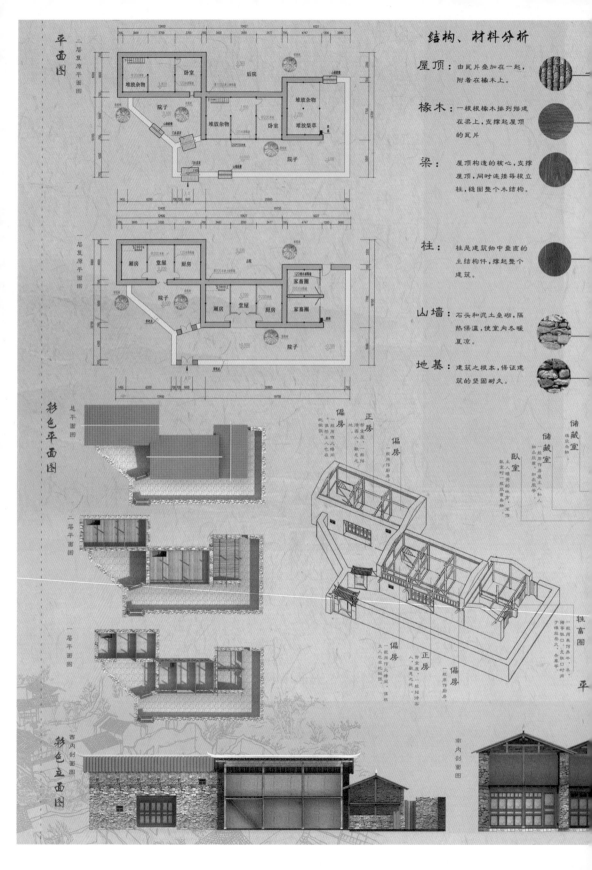

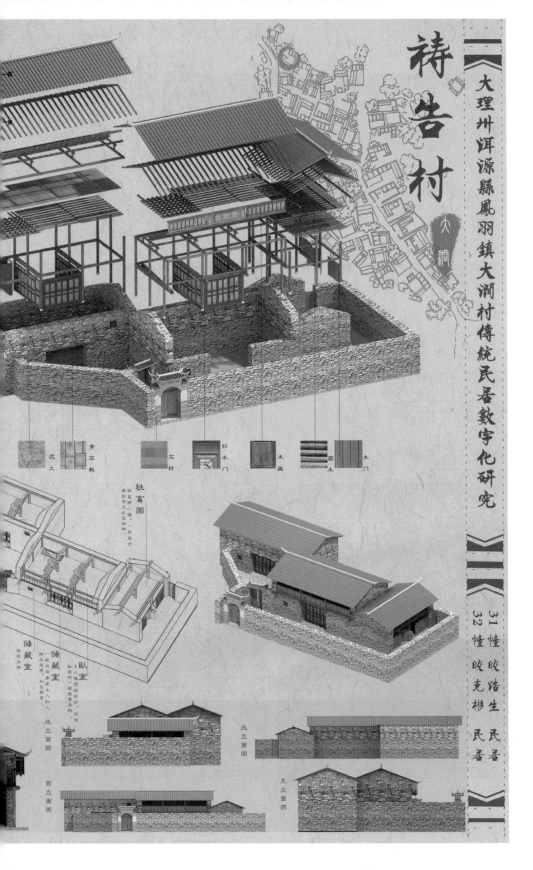

禱告村

大澗

大理州洱源縣鳳羽鎮大澗村傳統民居數字化研究

31 幢 皎浩生 民居
32 幢 皎克彬 民居

泥土
青石板
石材
紅木門
木匾
圓木
木門

牲畜圈
牲畜圈一樓，一樓用子
堆放柴火以及牲畜。

儲藏室
堆放雜物。

儲藏室
一般用作堆放本人私人
物品雜物，如衣服等。

臥室
主人房的地方，不打
擾人一般就設臥室。

北立面圖

西立面圖

北立面圖

東立面圖

建造过程

先打地基需要做墙下基础

砌好的墙基缝里灌溉泥浆，使得稳固。
开始慢慢地加高墙基。

穿架过程中要有秩序方法进行，要配合工具穿架，穿架的顺序要排列好，穿好的梁架要摆放合理。

先竖起中间的两榀梁架。

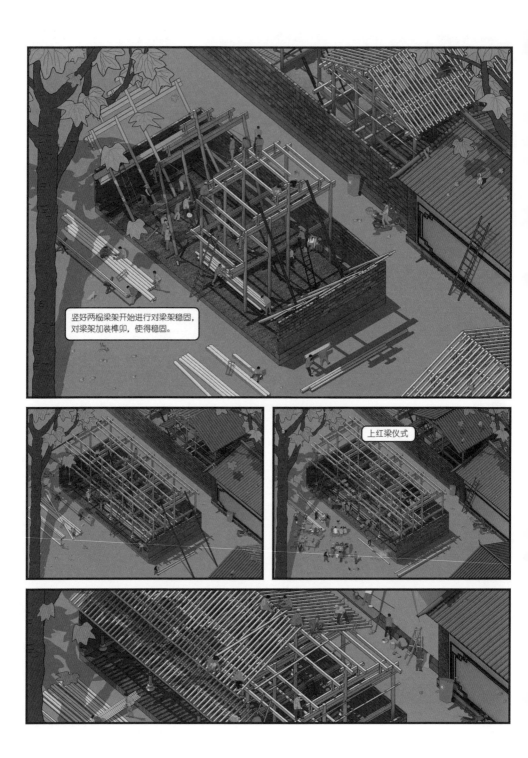

竖好两榀梁架开始进行对梁架稳固，
对梁架加装榫卯，使得稳固。

上红梁仪式

椽子钉好还要制作拉手以及封板，更牢固。

在盖瓦过程中摆放整齐，盖完瓦片用水泥
进行愈合，不易被风刮掉。

白族民居在建造房过程中运用巧妙的方式完成建房过程，这些过程是白族匠师的营造技艺，细致而又独特的建造方式使得白族民居生活方式得到很好的体现。白族建房仪式过程表现出白族对本主的崇高信仰。

抬梁式与穿斗式的区别在于抬梁式不是柱子之间的穿插，而是柱子互相搭接，堆抬，以此来构建房屋的基本框架。

穿斗式：很多根柱子纵横交错，互相连接。在架起基本框架的前提下，再穿接上附属的细柱子，屋顶的檩条分别支撑在落地柱和附属柱子上面。

大理白族聚居区，最普遍的建筑形式是以坊为单位的传统合院式民居。大型院落以"三坊一照壁"、"四合五天井"的院落单位进行组合，从而形成规模庞大的建筑群。

组合式白族传统民居院落外立面

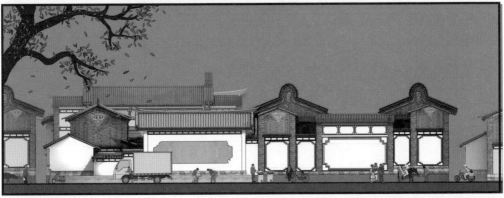

以坊为建筑单元建构院落，再以三坊一照壁及四合五天井作为院落单元进行组合，形成规模庞大的白族合院民居组合式院落。

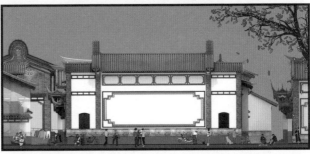

冬日裡的大澗古村廢墟，這個院落後來被封老爺選為星空餐廳（鳳羽美食堂）的建造地址。（攝影／封新城）

施懷基。(攝影/梁雅貞)

施懷基
用田野調查搶救鄉愁

文 / 趙淥汀

　　村落越來越新，記憶越來越少，鄉愁越來越淡，這是施懷基對於故鄉和村莊的一個切實體會。

　　2018 年大年初二，鶴慶靈地村村口的戲台上，上演的是滇劇《借親配》和《大斬子》。台上幾乎都是老人在表演。施懷基當時就發現，小時候的一些熟面孔，很多已經看不見了，鑼鼓二胡伴奏的人也少了，過去敲鑼和打鼓需要兩個人，但今年由一個老人兼顧，因為另一個會敲鑼的老人已經去世了。

　　他第一次在故鄉感到了心酸。「我在這樣一個村莊長大，小時候每天晚上聽故事的火塘已經不用了，每年過年時候帶來無限歡樂的戲台，也正在逝去。」

　　鄉村的凋敝和衰敗，在他看來，是現今所有農村面臨的現狀，不僅僅在雲南，全中國都是如此。

　　施懷基是雲南鶴慶人，他自稱「大理白子」，「滇西蠻人」，

2002 年禱告村舉村遷下山去，現在只剩下三戶老人留在殘垣斷壁的村裡。（攝影／邵宇鵬）

並表示自己就是那個「說出皇帝沒穿衣服的孩子」。大年初二那天，鄉親們請他去戲台下拍照，一是為了紀念，二是想讓他把照片發到網上，讓更多人沾點喜氣。

「老人們不會表達，但都知道，可能過幾年，等他們逝世，村裡這戲就沒人唱了。戲沒人唱了，關於這個村落的記憶又少了。」

他總想為雲南的鄉村做點什麼。2017 年，在一位朋友的介紹下，他和返回鳳羽老家創業的陳代章相識，瞭解到後者的公司在鳳羽的規劃願景，「他們的目標是讓 1 萬多畝的土地，不使用任何化肥或農藥，去種植原生態的農作物，我覺得這對鳳羽來說是個好消息。」

後來他與封新城見了面，發現這個長得有點像土匪的前媒體總編輯，對鳳羽這個地方卻愛得深沉。

「我見過好幾次他騎自行車去鳳羽大街上轉，去買豬頭肉吃。他是真喜歡這個地方。大理很多本地人出門都是開車，但他卻騎自行車，我覺得他是想深入鳳羽，更瞭解鳳羽這個地方的風土人情。」

「我和他談到了鄉愁，談到以前多樣性的白族古村落正在以不可思議的速度實現建築外形上的整齊劃一，風俗習慣上的整齊劃一，語言文字上的整齊劃一；鄉村都在變成青瓦白牆水泥地，村民都開始用漢語或者普通話交流，服裝已經全穿上都市的新款，那麼，很快，再過若干年，可能所有的鄉村，都將是一個模子印出來一樣，而後人，亦很難以知道自己的鄉村曾經的歷史，曾經的風俗，曾經的文化。」在《搶救古村記憶——大理古村落田野

雖然把大澗村流轉到千宿文旅兩年多時間了，但封老爺做的與古村有關的第一件事仍然是與施懷基合作的《大理白族古村落調查》。（攝影／邵宇鵬）

調查》的啟動儀式上，施懷基這樣說。

大理古村落田野調查計畫用約兩年的時間，對大理三十至五十個古村落（主要是白族古村落）進行田野調查，並形成村誌和紀錄片。

「從個人的內心深處，我一直想做這個項目，我覺得這樣的項目，做好了，比賺多少錢、當多大的官都有意義；但從私心來說，我又不願做這個事情。我屬於江湖遊俠一類的性格，閒散慣了，不願意受約束，而這個項目卻是一個很苦很累還花很多時間的活；此外，搞田野調查和做紀錄片並不是我的專業所長，也擔心做不好。」

不過他還是埋頭開始了自己在大理的田野調查項目。

考慮到鄉村裡曾經一些口耳相傳的風俗和文化，可能在若干年後就再也找不到了，施懷基和他臨時組建的團隊，從 2018 年年上半年起，開始找鶴慶的白族老人做口述史，並對各村落的特產、風俗、文化做記錄。「選擇鶴慶作為調查的起始地，是因為我本人就是鶴慶人，對當地的的語言和風俗比較瞭解，這有利於之後調查的開展。」

他還記得幾個月以來，自己印象最深的一次調查：通過尋訪鶴慶死去村民的墓碑，去還原不同時代人們的生活環境、各自經歷和文化習俗。他會選擇性地拍攝一些墓碑的照片，並通過文字解讀和圖片還原的形式去呈現調查結果。

「有塊名叫李有才的人的墓碑，他生活在清朝，是鶴慶本地人，在乾隆時期本有機會進京參加殿試，但無奈家境太貧寒，沒錢去北京，最後就留在了村裡的私塾授課。這個人很謙虛，死前

就想好了自己的碑記，他寫自己靠『舌耕度日』，形象又客觀地總結了自己的一生，雲南大大小小的各個村落裡，和他經歷類似的人其實不計其數。」

這僅僅是施懷基田野調查中的一小部分。他希望通過白族老人、村民的講述，再綜合查閱到的歷史資料和縣誌、地方誌，搶救那些瀕臨失傳的民族手工藝，幫助古村落傳承那些有價值的民俗和文化。

「調查最終以兩種方式呈現，一是文字還原，未來我們可能為每個村都做一份村誌；二是影像還原，紀錄片是未來考慮的一種方式。總之，時間緊迫，所有力所能及的方式，我們都願為鄉村去試試。」施懷基說。

上海女企業家鏡頭下的鳳羽娃娃。（攝影／洪碧聰）

施文清
鄉土文化拾荒人

文 / 曾曾

　　鳳翔書院的老銀杏樹在初冬的和風中撒下它的金葉子，樹下的孩子們將葉子撿起來抱在懷裡， 撒在小夥伴的身上臉上，追逐打鬧，地上掀起一陣陣金黃的旋風。施文清在老屋裡正喝著茶，一個孩子喘著氣跑來：「施老師，有人闖禍了，阿東的肚子被砸到了⋯⋯」他連忙起身去給孩子們調解糾紛。施文清並不是老師，不過村裡的大人孩子都叫他老師。

　　鳳翔書院是施文清和他發起的鳳羽古鎮詩書畫聯誼會的聚會地點。聯誼會的二十多位會員是鳳羽十八個村的鄉土文化愛好者。他們義務給村民寫對聯，幫寺院畫壁畫，義賣書畫做公益，周六在書院免費輔導孩子們詩詞書畫。因此，施文清和聯誼會極受鳳羽人尊重。

　　高中畢業的施文清在鎮上的郵政所送信，喜歡書法的他，常被村民請去謄抄家譜。鳳羽幾乎每家都有家譜，這些家譜記錄的家族歷史大都從明代洪武年間開始。作為土生土長的鳳羽人，施文清很想弄清楚自己的祖先到底何時開始在這裡繁衍生息？他開

（攝影／褚燦雄）

施文清帶封老爺去雪梨村看湖底遺址。（攝影／封新城）

　　始一有時間就往山上跑，去和村裡的老人聊，尋找祖先生活的蛛絲馬跡。從那些荒煙蔓草中的殘碑斷壁中，自稱走火入魔的施文清心裡有了自己對這片土地的認識。他覺得鳳羽就是縮小版的大理，有著同樣幽遠的歷史，這裡有唐宋元的碑刻和遺跡，他確信從洪荒時代開始這裡就有遠古先人。

　　這些年來施文清曾積累下四十萬字的文字資料，卻被妻子誤作垃圾燒毀。他一直夢想出一本書《鳳羽文化大全》，讓想瞭解鳳羽的人和孩子們打開這本書就能找到關於鳳羽的一切。資料被燒後，出書的緊迫感越發強烈，他在家門口貼上閉門謝客的便條，在家裡掛上宋代大理國時期地圖，想要找到地圖上鳳羽郡的遺跡，在鳳羽文化的深度和廣度上繼續開拓。

鳳翔書院是施文清和他發起的鳳羽古鎮詩書畫聯誼會的聚會地點。千宿文旅支持的鳳羽歷史文化學會也
在此掛牌成立。（攝影／封新城）

　　一直以來，施文清清苦寂寞但從未後悔過，他只是渴望有更
多力量和自己一起保護發掘鳳羽的鄉土文化。2016年千宿文旅入
駐鳳羽給施文清帶來前所未有的動力。他沒想到董事長封新城先
生，一個外地人會如此熱愛和珍惜鳳羽的文化，會和自己有強烈
的認同感，在千宿文旅的支持下，鳳羽歷史文化學會在鳳翔書院
掛牌成立。施文清說現在他要聯合十八個村落的鄉土文化愛好者，
用雙倍於過去的時間來書寫鳳羽文墨之鄉的故事。

　　施文清老家院子裡，石棉瓦搭建的書齋「三味書屋」格外醒
目。施文清的爺爺畢業於雲南講武堂，父親也是當過老師的讀書
人，施文清說翰墨留香是讀書人的本分和職責，希望這樣做能行
善積德澤及子孫。

鳳羽老照片 由施文清提供

1980 年春節，趙其輝攜媳婦，三個女兒，與父母親的全家照。

1959 年農曆 2 月 24 日，一對夫妻楊鮮祥和楊灼藝的合影。

杜林　　　　　　　馬鈜

鳳翔官路充馬鈜（雲南和平起義軍官），中和村杜林（長沙會戰軍人），中和村施耀儒（南京總統府國大代表），
年輕時在大理留影。

民國十八年秋天，在鳳翔書院教書的樹勳先生，放學後與家人合影留念，照片取名「福壽圖」。

1957 年農曆 5 月 18 日，鳳翔村一對藝文青年男女結為伉儷，在男方家照全家福。（新郎：施燦，新娘：趙小珍）

1957 年夏，一對青年結婚，全家合影留念。

1989 年清明節，太和村趙姓家族，集體為趙輝壁先祖（1816 年進士）修復被盜挖的墳墓。

讓農民在自己的土地上獲得尊嚴和驕傲是如封老爺一樣的新鄉人考慮的問題，也是各級政府一直以來非常重視的問題。（攝影／翁燦雄）

星空谷古村落活化計畫

　　古村落是鳳羽鄉愁公園的一個重頭戲，我的觀點是：在不動它的前提下修復它、保護它，為它注入一些現代性材料，使得它的樣子不被破壞。用嵌入式、漸入式、融入式的原地修復方法，讓都市的、現代的、新潮的東西與滄桑的、厚重的、有年代感的古村落形成鮮明對照並發生互動。

　　總的方針是：

　　認領院落，嵌入修復；無償用地，活化分成。

　　A 嵌入式、漸進式認領──古村換新顏。

　　B 星空系列美術館、餐廳、酒店 邀請發動知名設計、

　　　文旅機構及藝術家、社會名流共建。

　　C 鄉愁公園。

　　D 千羽會 會員制提供原生態物產和頭部度假。

「微隱居」與「頭部度假」

所謂頭部度假，即：

· 不只是軀幹的放鬆和愉悅，更是頭部的放空和平靜，精神的暢遊和昇華。

· 不被遊人和叫賣打擾，但又隨時可融入村野市井。

· 不那麼容易到達，但離機場只需兩小時車程。

· 不是真隱居，只是微隱居。

……

所謂頭部，乃投資界熱詞，意為社會階層中頂端的有潮流領導力的部分。延伸而言，度假旅遊通常只是身體度假，而高端人群的需求正細分出一個未來可期的全新度假產品──頭部度假。

頭部度假的核心不在物理和物質的區隔消費人群，而在為頭部度假者準備了相匹配的頭部的人文消費內容。

法國人雅克·阿塔利在其《21世紀詞典》中關於「奢侈」的論斷，恰好可以作為「微隱居」和「頭部度假」概念的基礎。他說，奢侈，「不再是積累各種物品，而是表現在能夠自由支配時間，迴避他人、塞車和擁擠上。獨處、斷絕聯繫、拔掉插頭、回歸現實、體驗生活、重返自我、反璞歸真、自我設計將成為一種奢侈。奢侈本身是對服務、度假地、治療、教育、烹飪和娛樂的選擇。」

（攝影／禤燦雄等）

2018 年 8 月 22 日，大理州委書記陳堅率鄉村振興考察團（大理州副州長、州公安局局長余其能，洱源縣委書記李洋、縣長丁洪濤、副縣長龔和松、鳳羽鎮黨委書記楊永林、鎮長項麗娟等）來鳳羽古鎮考察，並在退步堂現場辦公。

2015 年 1 月，習近平總書記在位於洱海邊的雲南大理白族自治州大理市灣橋鎮古生村調研時強調，新農村建設一定要走符合農村的建設路子。站在蒼山洱海旁，看著古生村整潔的環境，古樸的形態，習近平總書記不無感慨地說：「留得住綠水青山，記得住鄉愁。什麼是鄉愁？鄉愁就是你離開這個地方會想念的。」

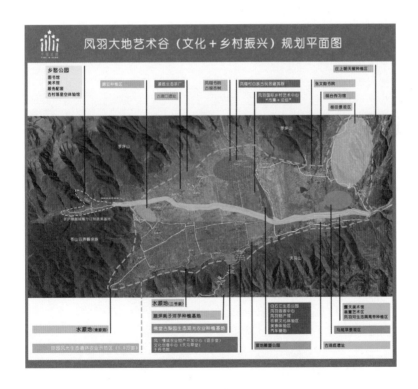

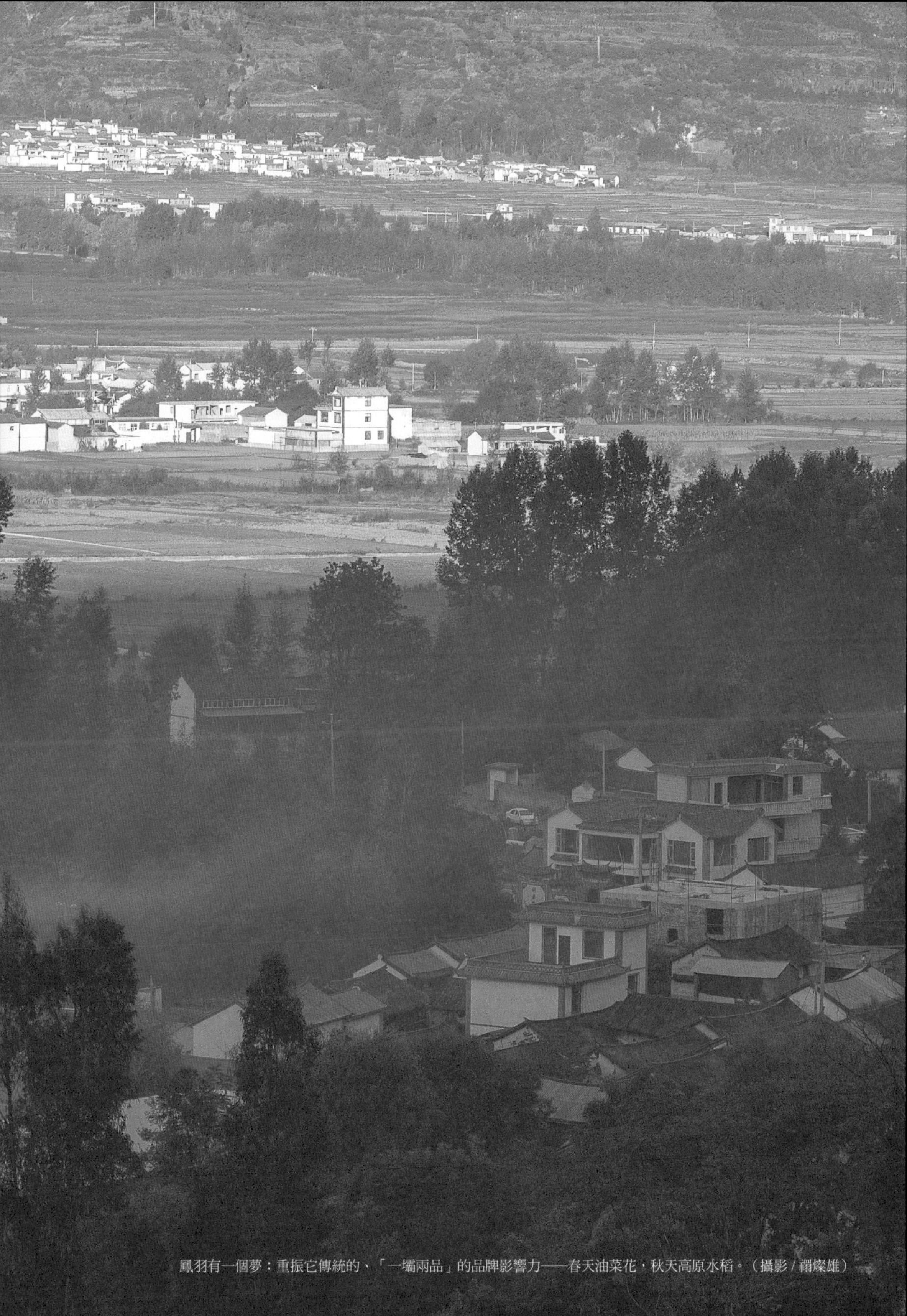

鳳羽有一個夢：重振它傳統的、「一壩兩品」的品牌影響力——春天油菜花，秋天高原水稻。（攝影／賴燦雄）

上海 Urbaneer 都市工作群

地理再發現和文化再發現下的「壩子經濟」樣本
鳳羽壩子整體規劃前的聚落生態研究及未來發展預判

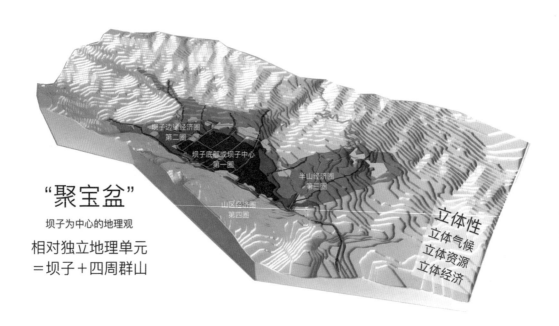

"聚宝盆"

坝子为中心的地理观

相对独立地理单元
＝坝子＋四周群山

立体性
立体气候
立体资源
立体经济

地方文化聚落是在歷史與地理綜合影響下形成的社會發展單元，這種經濟／社會／傳統之間的相互關聯是地方最重要的文化資源。在全球化背景下，地方性的價值和意義得到前所未有的凸顯。在區域發展工作中識別地方文化聚落的存在，不局限於孤立的符號遺存，才能真正保留地方文化持續演進的生命力。

壩子對於雲南有獨特的意義，這就是一個地方文化聚落。200平方公里的鳳羽壩子就是一個典型的單元。

「壩子經濟」的區域樣本意義

壩子裡的雲南（田園），和壩子外的雲南（山地）

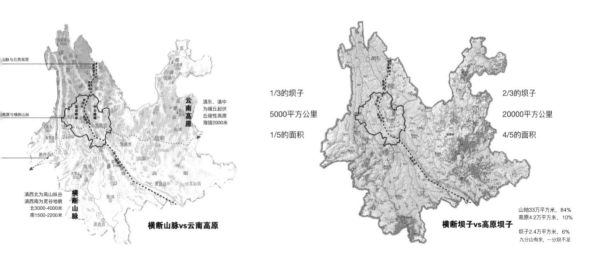

橫斷山脈vs云南高原

橫斷壩子vs高原壩子

壩子單元

云南
其中50

九分山有余
坝子是云南最重

土地6%

土地面积占云南6%

坝子
6%

云南其他地区
94%

坝子由造山运动形成，是山区特有的地形

对本地资源的保护原则	自然生态
关于发展方向的选择	社会生态
坝区传统生活方式保留地	文化生态
实践新市民农园 关注民生 产业升级 与三产联动	产业生态
市场化角度发挥增量与存量空间的价值	经济生态

土地面积4000万
耕地面积600万

坝区耕地占26
人均不足1亩

1/4
3/4

云南人自
亩，不同

1/10 矿区矿，
水土田的

5/10 矿区大丁
绿行自流

是区域经济
也不是农村
坝区经济
基于自然资源

坝子定义

坝子

坝子指的是整体和局部的较缓倾斜的区域半平地等高
面以相对大地形坡度6~8%以下，整体中心位公里以上

坝区
指坝内内中心位公里以上 的研究范围

坝子规模与数量

如需有14类坝子

坝子在公顷以上，8个，大于最坝

300-400平方公里以上，17个 面，面积
200-300平方公里以上，22个，中坝180
180-200平方公里以上 40个，打造140

坝 .... **城**
5~180平方公里，56个，克朝600 .... **县**
300多个平方公里，567个，三层800 ...... **镇**

分坝不足

区域经济单元

坝子
稳定的生态单元

人口50%

人口占云南50%

坝子　云南其他地区

经济
单元

农业生产为主
自然经济结构

山区
半山区
坝区

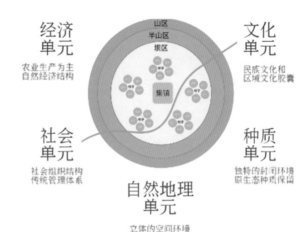

集镇

文化
单元

民族文化和
区域文化胶囊

社会
单元

社会组织结构
传统管理体系

种质
单元

独特的封闭环境
即生态种质保留

自然地理
单元

立体的空间环境

山地多平坝少，开垦已接近临界状态
人增地减，耕地后备资源不足

景循不合理，水土污染面积大
水土流失，生态脆弱

的村庄在坝区
村，人口聚集50%

的村庄在半山区
村，人口聚集50%

立的小圈子里
说话都听不懂。

单元性
行政、经济
围绕其而来

立体性
生产生活方式
民族人文景观
自然景观

环状性
以河谷为中心
同心圆环状结构

相似性
地理相似
产业、产品相似
纬度一样就是一样

低层性
产业结构层次低
大部分从事农业
效益不高

重复性
基础设施
建设不经济

$\frac{2}{10}$ 山区28%
海拔3000米以上，高差800-60米
村少，自然多中温，季节分明
常年气候五半、半湿、灰黑、暴雪
一年两熟晚大麦三肆

$\frac{2}{10}$ 高海拔10%
海拔2500米以下高差一样，最冷月
积、一些的气随在翻落都沙滩了 苏茂
青坪、小夏麦、药材
常年气候一节一样，时候就刻进个

坝子经济
为主体小农业、手工业
＝坝子整体的自然经济

封闭性
相对封闭自然地理，行政、经济区划的自然区域投影；
地貌、交通、远离市场；
农、工、商自给自足的生产生活为目的

洱源：水源地的區域價值背書

　　洱海的源頭是洱源，鳳羽是洱源最重要的水源地。鳳羽壩子 200 平方公里的集水區內，是一個相對獨立和封閉的生態單元，這是區域價值的天然背書。

　　徐霞客說鳳羽是洱源之源，我們用數據說明這件事。鳳羽古為澤國，水資源豐富，未來在 200 平方公里範圍內控制農藥化肥的使用，是個絕好的機會。

洱源
60%

点苍山
25%

玉案山
15%

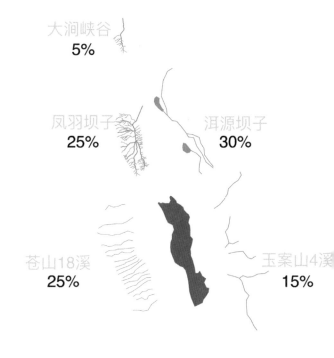

大涧峡谷
5%

凤羽坝子
25%

洱源坝子
30%

苍山18溪
25%

玉案山4溪
15%

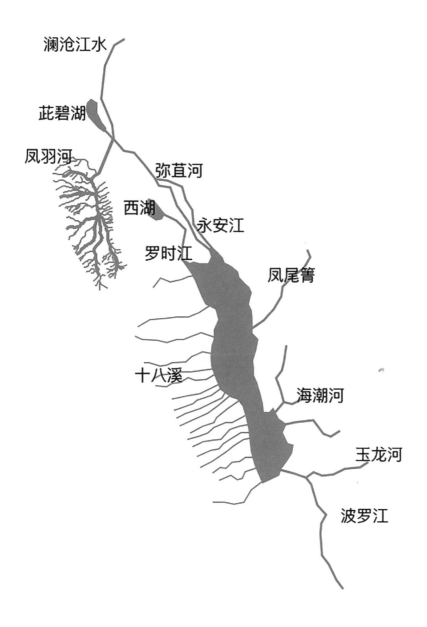

澜沧江水

茈碧湖

凤羽河

弥苴河

西湖

永安江

罗时江

凤尾箐

十八溪

海潮河

玉龙河

波罗江

生態農業和循環經濟

第一部分：關於循環經濟的理解

　　1. 鳳羽壩子具有適合循環經濟的發展條件

　　鳳羽壩子由山體升舉形成，有足夠高差，既保證了匯水區的獨立，又不易遭水患，不易受外界干擾，天生是一個相對平衡和穩定的生態單元。從歷史上講，因為交通不便，運輸成本高，壩子是一個自給自足的經濟單元。

　　2. 在國家層面已經明確支持和提倡循環經濟

　　十二五《循環經濟實踐法》出臺，循環經濟已經成為明確的國家政策。

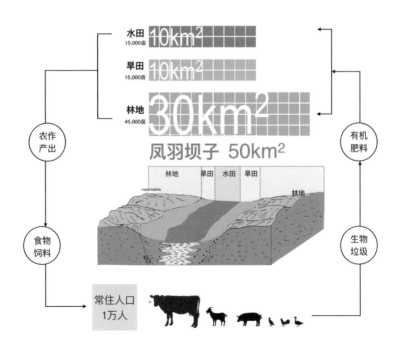

3. 循環經濟的意義在於體現了人與自然的約定

循環經濟是國外引進的概念，在中國落地實踐的過程中，應該有在地的特色。西方管道的觀念，人與自然是此進彼退的關係。我們要談的循環經濟，不是簡單的環保意識，而是人與自然的互利關係。

4. 鳳羽適合作為循環經濟的示範單元

壩子是人和自然共處的一個生態單元，相對穩定和不受干擾的生活方式累積出在地的文化、在地的語種等等。循環經濟需要合適的單元範圍，這個單元範圍要具有直觀意義。

每一個壩區都是一個複合的單元，在這裡，自然生態、社會生態、文化生態、產業生態乃至於經濟生態是一個相互綜合的關係。

鳳羽壩子的尺度和封閉性恰好合適，其中集合了包括水田 / 旱地 / 坡地 / 林地等在內的各種代表性的資源。

5. 循環經濟是中國農業生態文明的重要體現

中國人的人與自然關係，二十四節氣，就是循環經濟，而且是一個持續千年的價值觀和生活方式。

壩子是一個最典型的雲南傳統經濟區域，用 6% 的土地，貢獻了整個雲南三分之一的農業產值，養活了一半的人口。

壩子其實就是一個廣義的生態平衡單元，它有自己獨特的文化，經濟結構和社會結構。壩子經濟本身是具有研究價值和文化保護意義的。

第二部分：關於循環經濟的研究框架

1. 循環經濟的目標是維持區域的平衡

雲南一共有一千四百個這樣的壩子，農業經濟根深柢固，現代社會發展，都選擇性地繞過壩子。過去最發達的 6% 的地區，現在變成相對發展滯後的地區。

循環經濟不是單純考慮這個地方到底種什麼，產量多少，而是首先講生態概念，本地產出的這些產品與本地的消費之間找到一個平衡結構。

在區域內部平衡的目標下，除農產品和食物外，我們不再生產其他用於對外銷售的產品。

第三部分：在本地 IP 的基礎上發展生態農業

1. 關於本地農業，坪效基礎分析

我們對本地農業現狀做了簡單的分析。發現其中糧食占了最多的地，產量最大，但是貢獻的產值並不大。對比之下，奶牛的養殖，占地跟產量都相對不大，但是產值有明顯優勢。我們希望建立一個系統的研究框架，尋找裡面某種平衡性，而不是追求某種單一品類的產量。

我們通常會把地方產出和二十四節氣相關聯，你會知道什麼時候的旅遊者來這裡會吃什麼？會看到什麼？跟當地民俗有什麼關係？這張表的無限細化，既幫助算帳，又幫助你去搞明白這是一個什麼道理。

鳳羽壩子農產品的坪效分析

2. 關於本地人口構成

本地的人群構成分為五類，前三類是現時現狀，占總人數三分之一的老年人／小孩都留在家裡，三分之一的人還能種地，主要是中老年人，最後三分之一是已經離開家鄉的年輕人。

未來還有另外兩類人，一類是遊客，一類是來這裡工作的外來人口。這是各個旅遊區都面臨的困難，一方面缺人，另一方面自己的年輕勞力不回來，所以我們要解決這個問題，就必須找到本地人回家的可能性，讓本地農民在農作物上獲得的收入更高。這是要靠循環經濟的結構性調整，才能均衡的向好的發展，而不是劣幣逐良幣。

3. 供需單元的構成

我們要研究壩區這樣一個相對恆定的地理單元，每年種了多少東西？產生多少食材？來多少遊客？是它能承受的。當根據這個供需結構產生一道計算題的時候，它變成一個真實的數據庫。

4. 建立基於三級背書的供需結構

壩子實際上是一個供貨單元，也是一個文化單元。讓供需之間產生結構性的關聯。第一就是供貨的地方能夠有地方性的保證，必須要讓這個地方不產生污染。第二要做各種機構認證，這需要民間機構來做。第三每個農戶要做個人信譽擔保。

5. 建立從農田到餐桌的供應鏈

洱海源頭洱源，有 50 平方公里的壩子，它是徹底安全的，當菜能追溯到它的來源，它的價值才真正改變。生態農業同時是循環經濟，要把消費鏈的供需結構串通起來。

解決人的問題

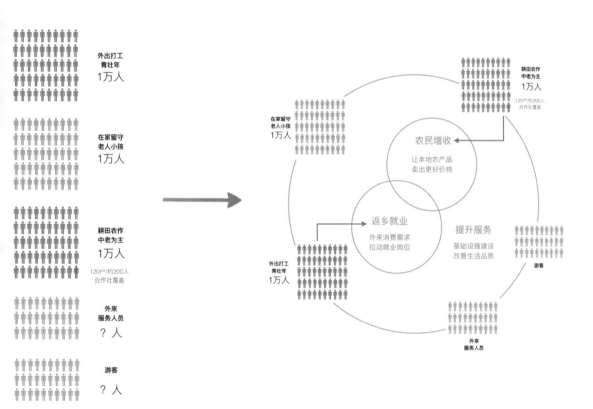

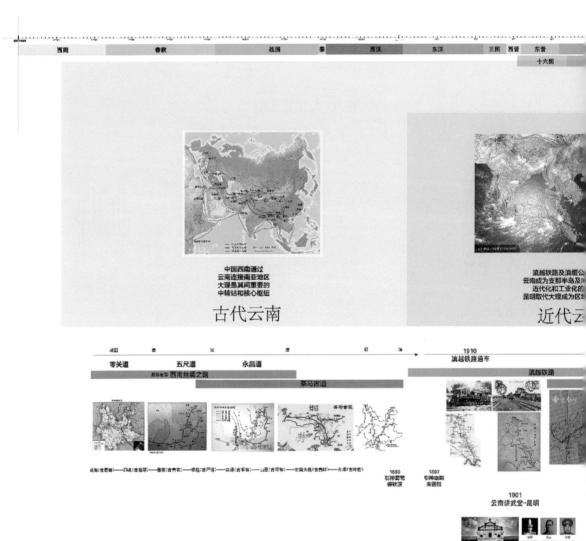

中国西南通过
云南连接南亚地区
大理是其间重要的
中转站和核心枢纽

古代云南

滇越铁路及滇缅公
云南成为支那半岛及南
近代化和工业化的
昆明取代大理成为区域

近代云

战国	春秋	汉	唐	明		1910

零关道　　五尺道　　永昌道

滇越铁路通车

西南丝绸之路

茶马古道

滇越铁路

成都（古要都）——邛崃（古临邛）——雅安（古青衣）——泸沽（古严道）——汉源（古东部）——喜县（古邛部）——云南大姚（古青蛉）——大理（古叶榆）

1880
引种蒿苗
德秋茨

1892
引种咖啡
朱苦拉

1901
云南讲武堂-昆明

唐　　五代十国　　北宋　　南宋　　元　　明　　清　　中华人民共和国

辽　西夏　金

'85 新潮运动

1979—1989（上）

大理成为
文化复兴的起点之一
开放基因的继承

当代云南

由新丝绸之路的桥头堡
到南亚地区的核心

大理向外国游客开放

1984　　　　　1986　　　　1987　　　　1988　　　　　　　　　　昆明园博会

第一家涉外宾馆　第一家咖啡店　MCA客栈　　Tibet Cafe　　　　　　　　　1999
红山茶宾馆　　　友谊咖啡馆　滇公元流域
民族文化艺术交流中心　　　　　　　　　　　　　　　　　洋人街

深秋的鳳羽壩子。舉起手機，你就明白什麼叫「大地是畫布」。（攝影／施懷基）

2005 年封新城發明了生活家這個詞，現在封老爺自己成為了生活家。

過去，封新城在紙上編輯雜誌；現在，封老爺在土地上編輯生活。

從空中看鳳羽壩子裡夏娃牛頓
喬布斯的三個蘋果裝置作品，
它們分別代表神力、自然力以
及科技力。（攝影／大力）

曾曾。（攝影／八旬）

退步堂裡的野心家

文／曾曾

　　封新城曾說：「做《新周刊》，我是無中生有，自說自話；做退步堂，我是無中生有，自娛自樂。」2014 年他在大理鳳羽蓋了叫「退步堂」的宅子，很多人認為他退步鄉村開始歸田園居，而他的好友、藝術家葉永青卻看出其中玄機，說他是退步堂的「野心家」。

封新城的「野心」

　　曾曾：葉帥評價您說，您是退步堂的野心家。我不知道這樣坐在山野之中的一個人，他的野心是什麼？我很好奇。

　　封新城：修一個院子，這個東西表面上看肯定就是躲起來的意思，遠離城市的喧囂在這待著。那你們從表面上來看我也確實是這樣的，每天泡茶，或者是躲進房間睡個覺，然後跟朋友在這裡閒聊天，但是我的眼睛一直看到的是這個壩子，就在想這個壩子還能幹什麼？當我發現了一個古村落，然後又跟農民流轉了很

多山地，準備種地，然後又在這裡發現農民藝術家，準備去做這些藝術品的時候，那像葉帥這樣的人就發現你小子其實是有野心的，要想把這裡變成什麼，大概指的就是這個意思。想有一天會找到一個合適的地方，去發一個田園夢，就是想做那麼一個夢。所以這個亭子也有意思，叫來來亭。

曾曾：來來亭？

封新城：對，來來亭，那你就可以停下來。我的一個理念，就是我們中國或者是全球，正在飛速的往城市化演進的這麼一個過程當中，每個人都捲進了這個機器，無法停止自己的腳步。甚至它還有個英文名字，英文名字叫 stoup。什麼意思呢？就是 stoup，你會想到是不是 stop 加 up？是的。我就這麼把它兩個字拼在一起。拼起來以後我這個英語不那麼靈光的人就發現，我發現了一個存在的詞，在英語 stoup 是存在的，是在宗教的概念裡是聖杯或者大酒杯的意思，那這個亭子可不就是一個倒扣的酒杯嗎。stoup 什麼意思呢，最後有一個中文的表述叫知停而後升，就是通常我們知道知恥而後勇。知停而後升你就知道人要知道停下來，然後才能夠上去。

曾曾：別的人可能退就退吧。如果是退和進來說的話，那我就是希望過一種個人內心的生活，但是您為什麼又開始，比方說大地藝術谷、酷農業，我覺得都挺大的，挺費勁的，為什麼想要折騰這些事情呢？

封新城：能不能找到一些局部、一些小的地方來去做一些實驗，讓這個田園重新有它的光芒，和它的原態。那我這個呢，你

看起來是野心，又野心不大嘛。比如說我來這裡我想做的第一件事，就是說能不能垃圾分類。我很關注這個，因為我發現這裡有一個好的地方，就是白族人相對比較愛乾淨，院子都收拾得很好，裡面還種花，雲南的風土也比較適合養花。而這些條件，再加上這種先天的蒼山洱海的保護紅線，我覺得它有給我做成日本那種乾淨鄉村的可能性。然後再一個就是你能不能把，比如說我在日本看到的就是越後妻有大地藝術谷，還有瀨戶內海的大地藝術，能不能把這些東西帶進來呢？那我就開始做這樣的一個工作，這個工作是很長期的。

封新城的「田園夢」

曾曾：您說的這種文旅小鎮也好，做鄉村開發也好，也有一些失敗的教訓。所以對當地人來說會有一種擔憂，就是那個人又來投資了。那會不會資本的進入，對當地是一種席捲？

封新城：首先我不是開發商，我是一個來在這裡想過微隱居生活的人，然後呢順便跟當地的人在種植結構上討論一下，改變它。然後呢跟當地藝術家，或者是其他有興趣來這裡的藝術家，一起來創作一些什麼東西，我都是順便的，並不把它作為一個必須來做的事情。我來了三年了，我啥也沒幹啊，我就說咱們好好種地吧。研究地的狀況，然後想想藝術家的可能性。等我發現古村落以後，我如何把這個古村落保護下來等等，我就幹這些東西，就是不去拿著那個推土機，拿著鐵鍬就去搞開發，這個不能幹。

曾曾：那照您這樣說的話會來得很慢啊？

封新城：這裡由於它不在高速的路邊，它不那麼容易到達，所以它有一個好條件，就是說不那麼容易被這個市場的洪流衝擊。同時我要把門檻建得更高，讓這裡是以藝術為特徵，以高端人到這裡進行頭部度假為特徵。換句話講，就是說我要把它變成一個藝術達沃斯呢？我在鳳羽河兩岸開始有這個雕塑了，有藝術裝置了，然後我又在這裡搞了一個比如說國際鄉村藝術大會，有藝術市集，有來自墨西哥的，有峇里島的，有丹麥的這些農民藝術家在這裡，而不是帶來推土機，那鳳羽的價值不就也出去了。可是你要注意到他們帶來的是觀念和藝術，而不是帶來了推土機，就是完全不一樣的。你在這裡呢，你去建一些高端的民宿，高端的這些小美術館也會不一樣的。我就非常非常想將來跟日本的蔦屋合作這麼一個，建在鳳羽山上的一個書店，就是圖書館。

曾曾：鳳羽對大理當地來說也是一個有文化積澱的地方。它在唐代就有書院這種形式，那像蔦屋，整個日本的國民素質就很高。所以它在那裡生長得很好，但它落地在這樣一個地方，怎麼和在地的文化和傳統，產生一些連接呢？

封新城：那只是一個形態而已，那我現在跟在地那簡直是，可以說是一點點的變成了一家人了啊。比如說我現在我的農莊裡面就有一個古村落，這個古村落已經被丟棄了有十多年了，是在那個叫大澗的一個地方。大概是一百年前就有了這麼一個地方了吧。你看它那些結構，現在是殘垣斷壁了，有的甚至只剩下地基，那它都是用當地的材料，就是用石頭壘起來，因為這個壘才使得它很能夠留存，就像泥胚一樣，所以我發現這個以後，我就覺得這個太有魅力了。那我在這裡第一件事情就是不要動它，我對這

壩子是平靜的，波瀾在封老爺的心中。（攝影／褟燦雄）

個廢墟很感興趣。因為我們所謂鄉愁鄉愁，愁在哪裡？你看不見東西，你不能拍幾張照片就叫鄉愁，你像這個廢墟在這裡，我想能不能把它真的變成鄉愁公園，讓大家能夠非常直感的看到一個鄉村的敗落，這樣的一個過程。

封新城的「無中生有」

曾曾：我也發現您原來不是說你的故鄉在 80 年代，就是那種精神上的故鄉。您現在是從那個在書上、在紙上寫詩，變成在大地上寫詩，好像人變得更實在了。

封新城：對啊，你跟鄉親們打交道，你連說這些詞機會都沒有。就是這些大詞都沒了，就是說的簡單一點，就說那個這麼弄一下，那個那麼弄一下，就這樣就可以了。我說話會越來越簡單，也不會要求那麼高，甚至能接受失敗。

曾曾：那會不會跟您之前的那種狀態，會覺得有一些落差，或者不習慣呢？您以前是一個追求完美的人，而您的部下在您面前壓力都非常大。

封新城：在大自然面前，你還好意思說你的東西完美？我的心其實更開了。而且我是在跟大自然合作，跟農民合作，跟這裡經歷過的歷史，這些村莊、城鎮在合作，這種合作更牛。比跟你的同事合作牛多了，你的同事都不過是聽你發號施令而已，你現在能夠去把他們都裝到你的心裡去，然後讓他們慢慢理解你一些東西，你不一定懂那個詞彙，但你懂得這個人是有見識的，是能夠帶你往前走的，那這個大家的合作機會默契很多。事實上我在這裡就是一個不用發火的人，跟誰都好好的，我只需要跟我的合

夥人發火就行了。

曾曾：啊！那他太遭殃了。那您是不是更喜歡現在的自己呢？有新的困惑嗎？

封新城：那你這個話該怎麼理解，這個問題是說在我的人生當中，我哪個階段是更好的嗎？年齡上來講你總有一天你不是潮頭上的人嘛，那人要在適當的年齡做適當的事情。我覺得我還能在一個人生是走下坡路的年齡裡，能找到一個點，或者一個方向去往上走的，那我覺得是應該高興啊。我做《新周刊》我總結了八個字，「無中生有」。然後「自說自話」，我不管別人那一套，我自己走出我的一條路。那在這裡我也可以用八個字來說，「無中生有」。不知道會有一個鳳羽蓋的藝術谷，不知道有個慢城農莊，不知道有一個鳳羽壩子的鄉村酒店群，不知道吧？我做了。第二呢我「自娛自樂」，我原本前一個階段自說自話，我現在自娛自樂，我沉浸其中，而且帶著別人也開心，這不好嗎？

曾曾：如果剛才說這是您的一個田園夢的話，您覺得這個夢要多久啊？

封新城：這個夢現在就已經在實現了，幹嘛要去像一本書，或者一部電影一樣，那麼清楚的說這個什麼時候生產的？這個剪成什麼？不是，它早就開始，它在我來的第一天就已經開始了，第一天和到今天它有多大的變化，這些變化不就是那一個過程，那個夢的實現過程嗎！

最初是一匹黑色的馬賽克馬，因風吹雨淋脫落就塗成了白色，高原的烈日讓白色也變髒了，現在封老爺又讓周正昌把它塗上鹿的花紋。（攝影 / 封新城）

楊繼新的黑陶牛放置田野效果圖。

藝術家葉永青每年差不多有四個月待在大理，他在大理開了一門課，叫「鄉村田園調查」，他想以此在大理進行鄉村自救。（攝影／傅沙）

葉永青
鄉村輓歌和我的田野美術教學

口述 / 葉永青　採訪整理 / 丁曉潔

　　十幾年前，在一個名叫「藝術長征」的活動上，我認識了日本藝術家北川富朗。當時北川剛剛開始在日本做第一屆「越後妻有大地藝術祭」，我剛剛開始在昆明做中國第一個藝術主題社區──都是在 21 世紀初，用一種民間自我組織的方式來做一些實踐。

　　北川在鄉村做的事情，就是那麼多年一直困惑我們的東西，我們這一代人的共性是：在上世紀 80 年代把西方當成參照系，想要用外來文化改變自己原本的生存環境，但到了 90 年代，當我們這樣的藝術家真正身體力行進入西方環境的時候，一個新的問題出現了，就是關於身分的問題，關於「根」的問題。你是誰？你從哪裡來？那個時候，我們才真正開始回頭看自己的國度。

　　無論是走出去看西方文化，還是回過頭來看自己的傳統，都只是過程。真正的目的還是怎樣建設自己的生活。在日本，無論是在鄉村還是家園，人們都是在過日子，在日常生活的基礎上，產生各種各樣的產品。儘管它經過了現代化的轉型，仍然還是有

位於日本新潟縣南部的十日町出產的「魚沼水稻」，以「日本最好吃的大米」聞名，9月的稻田也如畫般美麗。（攝影 / 傅沙）

活力和充滿了創造力，而不是一個衰退的鄉村。儘管它有人口過疏的問題，有高齡化的問題，但是它通過各種各樣的振興手段，在修復這些問題。

日本的前提是「不變」，場所不變，基本的生存狀態不變，它做的只是「更新」。和我們遇到的鄉村問題不一樣，中國這一百年來，人們不斷走向城市，在社會轉型過程中，鄉村慢慢淪為簡單的生產場所，慢慢地變成不適合人居的地方，「家園」的概念消失了。

如果說都市的人際關係像一個利益共同體，大理的人際關係更接近一種趣味共同體。

大理是我的故鄉。從二十年前開始，我就常常回到大理，也帶很多人去，就像個導遊。1999 年，我帶方力鈞和岳敏君去大理，他們成了最早在大理買房的中國藝術家。我一直沒有動買房的念頭，也一直沒想過要成為這個地方的一部分，直到很多年後，我在倫敦得了一場大病，病好之後人很虛弱，便回到大理來休養。

有一個早晨，我就像往常一樣，起床之後走出門準備去吃個早點，走上大理古城南門那條街時，我產生了一個選擇的困惑：包子、米線、豆漿、油條、饅頭、餌塊，還有咖啡、比薩……我突然意識到：在中國，再也找不到第二個可以像這樣吃早餐的地方了。衝著這一份混搭的早餐，我決定要在大理買房。

現在，我每年差不多有四個月待在大理。我在大理開了一門課，叫作「鄉村田園調查」，已經上了四年。我的初衷其實是悲哀的，因為感覺到這件事不可逆，但是，我還是覺得起碼可以為

天生萬物以養人，這是大自然對人的恩賜，人應該敬天惜物。（攝影／禤燦雄）

自己和學生打開一片視野。這個視野是什麼呢？就是看鄉村的消失，就好像在做臨終關懷一樣。我帶學生去看白族民居，問他們新房子和舊房子的區別是什麼，學生一般都會回答建築或是家具的區別。其實所有的老房子，無論它是什麼樣的擺設，最重要的位置一定放著家族的照片，家族所有的記憶和憑證，放在最重要的房間裡。但是一旦蓋了新房子，這些東西都消失了，最重要的地方都被電視機或是電冰箱取代了。這就是我們所說的「消失」的一部分——它首先是從人的意識裡消失。不是一個房子被拆掉了，也不是一個房子原來是木頭的而現在變成玻璃的，而是所有人都覺得：「鄉村」這個詞是不美好的、不舒服的、不適合居住的。我們說的「鄉村」這個詞，對很多人來說是被漠視和忽略的一個詞。

在大理待久了，我慢慢發現身邊聚集起一個熟人社會。這是中國其他地方還沒有形成的東西。開始是一些藝術家，後來是一些做音樂的，這幾年開始有一些寫作的，還有一些設計師，慢慢形成一個「身邊的江湖」。這些人的職業和身分是混搭的，而且他們是以居住的方式進入到這個地方。大理很多深刻的改變，其實和這樣的人群構成有關係。還有一些人只是經過，但他們和我們在北京或是紐約遇到的那些因為工作和利益關係而聚集在一起的人不同，整個大理所呈現出的，是一種工作之外的狀態。如果說都市的人際關係像一個利益共同體，大理的人際關係更接近一種趣味共同體。

為了把大理的這種現象保留下來，我和張揚、奚志農發起了一個名叫「大理下午茶」的活動。它有點像是一個「雁過拔毛」

葉帥對古村落保護的建議就三個字：別動它。（攝影／封老爺）

的計畫，凡是經過大理的人，希望他們通過輕鬆的茶敘方式，留下一些想法。我們做過一期「居住就是最好的保護」，討論古城的民居如何進行保護，不是建築或是房子本身，而是真正產生價值的東西，其實還是生活方式。也有過關於洱海污染的討論，或是關於大理節氣的討論，比如三月街的形成……這些都是很有現實性、針對性的討論。

我在大理做的事情，就好像自救一樣，希望自己能生活在一個相對乾淨的環境裡。但是我所做的一切，都有一個核心關鍵詞，就是「鄉村」。這也是回到常識，大家要承認這些常識，要承認「鄉村」這個詞，它的氣息，它的味道，它的一草一木……對於習慣生活在都市的人，鄉村是另一個衡量標準，我們要學會用這把尺子來重新認知世界。

日本在這方面做得很好，我發現他們始終擁有一個世界觀，他們做的任何事情，都是希望把這個地方跟世界聯繫在一起。

大理現在最熱鬧的地方是人民路，但人民路曾經是最蕭條、被廢棄的一條街。當年最熱鬧的地方是洋人街，因為西方背包客的到來，在那裡教當地人怎麼做一杯咖啡，怎麼烤一個比薩，怎麼開一間酒吧……很可能中國的第一間酒吧就是在大理誕生的，那時候北京都還沒有酒吧，所有人要喝酒都要去友誼賓館，去和平飯店，但大理就已經有所謂的酒吧了。上世紀 80 年代末期，外國人給中國地方的鄉村建立了一種從前沒有的「夜生活」，所以大理其實是最早創造了中國「鄉村國際化」的一個縮影。

所以說，大理的現代價值觀和實踐都是由外來者帶來的，這些外來者不是普通的外來者，他們是一些發現者，把一個地方有

2017 年 8 月 31 日，葉帥與鳳羽佛堂農民畫社的畫師探討白族甲馬全新內容的可能，並現場為退步堂創作一幅日式門簾。（攝影 / 邵宇鵬）

意思的東西挖掘出來。後來，從藝術家開始的新移民聚集在人民路上，現在已經變得像麗江一樣，成千上萬的人擠在那條街上。

　　雖然這幾年改變很大，但大理有一點是好的：它的基本場景還在，村莊還在，禮儀還在，種植和耕作的系統還在，它還有這些新移民的加入，呈現出不同視角和聲音。其實鄉村本身很難發生改變，今天在中國鄉村發生每一點滴改變的地方，一定有來自外來的刺激。就像大理的改變，來自這些新移民。新移民來到一個新地方生活，會和當地的原住民之間形成一種共生關係，這種關係有時候是非常緊張的。新移民帶來自己的資源、財富和知識，用自己對某個地方的想像，有的帶著一個義大利的夢想，有的帶著一個希臘的夢想，所以我們經常會發現，大理古城也好，洱海邊也好，外來者有時就像一個個電腦上的軟體，很生硬地插在鄉村的土地上。

　　考察日本的農村時，我一直在關注一些技術性的東西，比如它的公共管道的建設，比如它對農產品的推廣行銷，這些經驗對中國的鄉村建設非常重要。在中國，一個農村出來的產品，我們更多去強調它的「土」，它的故事性、風俗性和地方特性，這些東西本來是對的，但是呈現出來的方式又不夠，包括從產品上、設計上、陳列上，都顯得很缺乏。一個鄉村的產物，必須要和外來的元素結合，日本在這方面做得很好，我發現他們始終擁有一個世界觀：他們做的任何事情，都是希望把這個地方和世界聯繫在一起。（此文原載《新周刊》2014 年 11 月 15 日刊「軟鄉村酷農業」）

葉帥跟封老爺說，2019 年他會邀請一位年輕藝術家與他合作一個作品叫「退步之書」。（攝影 / 邵宇鵬）

330　　攝影／封新城

周正昌。（攝影 / 禤燦雄）

周正昌
封老爺讓我把夏娃牛頓喬布斯的三個蘋果偷回鳳羽

文 / 趙淥汀

　　來到鳳羽前，周正昌覺得自己「走了太多彎路」。也正是來到鳳羽後，他才發現自己「原來能做這麼多事兒」。

　　按行話來說，他是個手藝人。高中畢業後，由於家境貧困，他沒有再繼續深造，而是去學起了服裝設計。

　　但他心裡一直藏著一個藝術夢。小時候，他就對具象的事物極感興趣，「怎麼去搭建特定的造型，這對我來說並不困難。」

　　在服裝廠做了幾年後，他辭職去了昆明教美術，算是間接參與到自己對夢想的編製過程中來。面對著講台下一個個睜大雙眼的師範生，周正昌揮動粉筆，在黑板上描摹下自己對於世界、自然和生物的種種幻想。

　　但成日的備課和教學，並不能滿足他對於未來富有野心的設想。1996 年，他離開這所學校，遠赴西雙版納，開始了自己作為「手藝人」的第一份工作：用蝴蝶翅膀作畫。

　　「我從小在農村長大，小時候生活在大山裡，每天都接觸到

333

各種動物和昆蟲。那時和小夥伴們就愛抓蝴蝶玩，抓到了以後就開始研究蝴蝶的身體結構，久而久之也成了蝴蝶專家了。」周正昌說。

周正昌沒想到的是，童年抓蝴蝶的經歷和經驗，竟然在成年後能成為自己填飽肚子的一個「金飯碗」。「好多人沒看過這個手藝啊，蝴蝶翅膀和身體作畫，這太奇特了！」

但不安分的因子依然在他的體內躁動。在展示了自己蝶翅畫的手藝後，周正昌又開始琢磨起回到學校的事。「那時候又突然做點教育的事，不想伺候蝴蝶翅膀了。」

於是他又來到昆明，自己創辦一家民辦學校，並自任校長。沒想到才開辦幾個月，因為私立學校的相關政策在當時並不完善，學校就被政府下令關停，接著他第二次離開昆明，來到大理，加入了大理旅遊集團，再次開始了他「賣藝討生計」的手藝人生涯。

「當時負責做設計，製作旅遊紀念品之類的，也設計過很多昆蟲和植物標本。」此前蝶翅作畫的經驗讓他在旅遊集團幹得得心應手，但在五年後，這個不安分的普洱男人再次辭職，這次他北上秦皇島，和朋友一起辦了家公司，但一年後又回雲南了。「西南人，適應不了北方的氣候和環境。」周正昌說。

兜兜轉轉一大圈，直到 2016 年他來到鳳羽，才發現「自己之前耽誤了太多時間」。

周正昌是在一次飯局上第一次見到封新城的。「他侃侃而談，說自己在生活裡的一些觀點和理念，覺得他和其他人都不一樣。」

他覺得封新城的眼光和視野，對於偏安大理一隅的鳳羽來說，顯然過於超前了。「我當時一聽，好傢伙，他要在大澗村建一個美術館，邀請畫家過來開工作室，明星過來遊玩度假，這對當地人來說簡直不敢想像！」

周正昌認為，封新城讓他骨子裡的一些不安分的東西開始逐漸被釋放，「那些之前被壓抑很久的想法和思考，一瞬間『啪』一下就被激發出來了。」

比如他在 2017 年設計並製造的白馬雕塑。這座目前被擺放在上院的雕塑由數十條鋼筋組成，「花了我二十多天做出來。怎

周正昌的蝶翅畫。（攝影／邵宇鵬）

麼做？先畫一個草圖嘛，然後在地上畫一個
1：1的草圖，就鋪在地上畫⋯⋯」

　　在封新城的印象裡，周正昌既是農民，
也是藝術家。「舉個例子吧，我一把『三個
蘋果』雕塑的設想告訴他，他就立刻能領悟，
該怎樣呈現，怎樣設計。」

　　三大名人（牛頓、夏娃和喬布斯）被蘋
果改變，同時通過蘋果改變世界的故事，曾
是《新周刊》的一期封面專題，主導者是前
任執行主編封新城。

　　而當退步堂的封老爺再次想起自己在十
多年前策劃的這期專題時，他的設想是，能
不能在鳳羽未來的藝術谷裡，擺上這三個蘋
果的雕塑，「那才真有意思了。」

　　他把想法告訴了周正昌，後者隨後想出
了一個設計方案：三個蘋果按照直徑 5 米的
球體去建造，未來就放在大澗村的山谷下，
也就是未來的「鳳羽藝術谷」之中。「我還
是想用鋼筋做，因為它既好保存又容易造型。
我想把這個雕塑的中部鏤空，外部設計成飽
滿又充滿遐想空間的蘋果。」

　　周正昌如今的工作節奏是：偶爾外出學

習交流新手藝，多數時間待在鳳羽的畫室裡搞創作。他的創作種類多樣，有時靈感一來，用五穀雜糧作畫；有時看到生活中的小細節，又扔下手頭的事情，用泥巴去捏一些小玩意兒。每次上大澗村的山上，他都要撿一些奇形怪狀的石頭回來，再根據上面天然的紋理稍作加工，就這樣完成一件簡易的石頭工藝品。

「我覺得還是得沉下心來做點事。過去自己太浮了，像是飄在天上。現在在鳳羽，我覺得自己落在地上了，能腳踏實地做點事情了。」他說，自己用了半輩子的輾轉漂泊，終於在鳳羽，找到了自己在藝術上的安定和從容。

「我格外珍惜現在。」

周正昌在禱告村口用石頭壘造的牧羊人和羊群。（攝影 / 邵宇鵬）

這匹鋼筋焊製的白馬原本是周正昌創作的要貼上樹皮的模擬馬，但封老爺制止了他，說這已經是藝術品了，按這個思路，又有了三個鋼筋焊製的蘋果的創作。（攝影／賴燿雄）

楊繼新。（攝影／邵宇鵬）

楊繼新
因為一頭黑陶牛，
封老爺追去劍川認識他

文 / 曾曾

　　灶台上電餅鐺滋滋的響著，金黃色的蛋液瞬間凝固，楊繼新雙手從熱鍋中快速拎起半透明的蛋皮，「做蛋皮和雕塑一樣，厚薄要均勻。做菜和做藝術一樣，都是玩想法。」楊繼新一臉燦爛笑著說。

「我的世界被一個叫羅旭的人打開了」

　　44 歲的楊繼新出生在劍川縣甸南鎮一個手藝人家庭，爺爺是鐵匠，父親燒陶。玩泥巴長大的孩子野性十足，不愛上學，只愛畫畫。從小的夢想是當畫家，因為當畫家可以有雞吃。小學五年級，幫一位做建築的老闆畫了一幅大理風光圖，得了一筆當時可以買好幾隻雞的鉅款二十塊，於是更沒心思上學了。考了兩年藝術學院都落榜之後，他去了木雕廠跟師學藝。

　　1994 年初夏的一個中午，陽光亮得刺眼，一輛沙漠野狼「嗖」一聲從楊繼新碼放的整整齊齊的黑陶罐子前疾馳而過，繼而又停了下來。車上下來一個長髮、黑瘦的男人，像極了黑社會老大。

2018 年 1 月 26 日，封老爺追到劍川在一堆雜物當中找出了全部的牛，腦子裡已經浮現出它們放大後出現在田野的景象。（攝影／邵宇鵬）

一番打量和交談，此人遞給楊繼新一張名片並告訴他，直接到他公司上班，管吃管住，月薪六百。楊繼新懵了，哪會有這等好事砸中自己啊，怕上當不敢去。可是當時他因為參與了一場群架，打傷了人要賠錢。糾結了一晚上，他給名片上這位達達藝術公司董事長打了電話。

給他名片的人叫羅旭，雲南當代藝術家，蟻巢、巨乳、女腿這些符號性的作品讓羅旭打上了野性與自然的烙印。不過那時的羅旭還沒有開始這些創作，正處於藝術理想的膨脹期。以老羅為師，一個全新的世界向楊繼新展開了。那陣子師傅迷醉在對女人大腿的塑造裡，楊繼新似懂非懂開始了跌跌撞撞的跟隨，在這個過程中羅旭拿著三尺竹竿完成了他的第一個建築作品「土著巢」。

達達藝術公司承載著羅旭浪漫的野心與奇想。他那些特立獨行和稀奇古怪的想法讓從小嚮往自由的楊繼新感到從未有過的新鮮和釋放。回望那段歲月，楊繼新覺得那時師傅的創作並不成熟，就像做飯，火候不到，溫度不夠，無論炒蒸煮都難以真正做出拿手的好菜。而他不明所以的跟隨只不過是羅旭的影子，他幫師傅一起完成那些旁人看來不著邊際的想法，這個過程為他後來的創作打下了基礎。

2000 年，達達藝術公司倒閉，「土著巢」關門停火，楊繼新和師傅羅旭如夢似幻的日子告一段落。2002 年，已經拖家帶口的楊繼新生活陷入困境，他忍痛帶著師傅羅旭送他的「珍惜人生」四個字回到了老家劍川。

「羅旭永遠是我老師，但我不做他影子」

哪怕說到最落魄的日子，楊繼新嘴角也一直掛著笑意。旁邊火盆裡的火苗躥躥往上躍著，黑陶土罐蓋子上的小孔噗噗往外冒著熱氣，蓋子被一圈麵糊密封，麥稈粗細的小孔釋放出的肉香瀰漫了整個屋子。花時間做好菜，這點楊繼新深受師傅羅旭的影響。

回到劍川的楊繼新身無分文，他一時不知道自己是誰？接下來要做什麼？他只是漫無目的的創作。受羅旭的影響，他做了一些和女性有關的雕塑，但他腦子裡的觀念是模糊的，自己看不懂自己做的東西，覺得稀奇古怪就好。和那個階段的創作一樣，生活也是茫然而窘迫的。母親的膽結石手術深深刺痛了他，他拿不出三千塊的手術費，最後是醫生幫忙解決了這個難題。一個見過世面搞過藝術的人，難以養家糊口，楊繼新意識到，如果連基本

楊繼新用石膏做了一頭牛，封老爺說把它塗成黑色。於是它變成一頭熔岩牛。
（攝影／邵宇鵬）

的生活問題都無法解決，藝術就是空談。

　　八年的磨礪，楊繼新的手上工夫已是一流，要把雕塑做得逼真和像對他來說並不是什麼難題。他先把創作的念頭放下，在朋友的介紹下，他做了一些景區雕塑和古建裝修，一家人生活安定下來。

　　擺脫生活困境之後，創作欲念開始萌動。第一件自由創作的作品是一頭穿靴子的老虎。老虎是自然而野性的，穿上靴子意味著戴上了現實的枷鎖。楊繼新內心真正渴望的還是像師傅羅旭一樣純真而自由的活著。他深深知道，學我者死，超我者生，他要尋找到自己的語言，自己的符號，自己的表達方式。

「五六七頭牛的來歷」

　　工作台上，七頭公牛從楊繼新神奇的雙手中脫胎換骨站立在那裡，等待著入窯的燒製與錘鍊。這些牛沒有頭沒有臉，抽象而極簡，牛的力量感卻在泥團裡激盪。楊繼新說這是不斷煎熬後的隨心所欲。

　　牛的創作，楊繼新已經琢磨了好多年，剛開始第一組牛還比較寫實。因為對女性和母親的尊崇，五頭牛身上盛開著蓮花，蓮花中間是母性的乳房，是力量與聖潔的象徵。可是作品出來後，楊繼新並不滿意，他發現他要的其實並不是一頭具體而真實的牛。他喜歡牛的精神和氣勢，一種對生活的勇往直前和永不停歇的奮鬥。如何抓住牛的精神呢？

　　塑形的要領是軟與硬的結合，軟中帶硬，硬中有軟，做出來的東西才能保持它的形態，這其中的核心是水分的控制，楊繼新對塑形的掌握全靠多年的經驗。回想這一過程讓他似有所悟，軟

與硬並不是孤立存在的，也不需要生硬的呈現。他不停的畫牛，回想童年放牛時的很多場景，牛不聽話的那一瞬間爆發的力量尤其讓他印象深刻。他又開始創作六頭牛，這次他放下了所有包袱，來了一次大寫意，牛沒了性別，沒有頭沒有臉，只有身上爆發出的一股子擰勁兒，看著這六頭牛，楊繼新意識到自己的作品已走向成熟。

這六頭牛中的一頭他送給朋友——農民藝術家周正昌，無意間被正在鳳羽謀劃大地藝術谷，挖掘和尋找在地藝術家的封新城看到。他收購了這六頭牛，驚訝於民間還有這樣有現代觀念的雕塑藝術家。楊繼新說如果自己是一匹馬，他渴望有伯樂認識，理解和欣賞。封新城激發了他，於是他創作了第三組牛，這七頭牛有了男性特徵，充滿著力量感。楊繼新說，一個人沒有閱歷是不會有成熟的作品的，在塑造牛的過程中有他自己對生活的理解和感悟。雕塑作品不是要做得像，是要有自己的思想，是能用祖先的足跡走出自己的印子。

楊繼新的三組黑陶牛的創作是一個去繁存簡的過程。薄片空腔，非具象化頭部處理，使他找到了一個完全屬於自己的雕塑語言。（攝影／邵宇鵬）

「永不凋謝的花」

　　柴火上煮著肉，飯盒散落在野花和草叢之中，三五朋友愜意圍坐，這是楊繼新微信朋友圈常看到的場景。他喜歡這樣的野趣，對自然的觀察與思考常常帶給他創作的靈感。

　　工作室裡擺著他剛完成的新作：一組似花非花、似人非人的造型雕塑。時間與生命似乎是所有藝術家熱中探索和表達的主題，楊繼新也不例外。花朵如蓬勃的生命燦爛而脆弱，在時間面前人是無力而虛無的，楊繼新將花朵與人凝固在對抗時間的泥土裡，以此渴望美好的一切永不凋謝。這組作品未來將出現在千宿文旅大理古城藝術空間「大理的達利」。

　　做一個夢，在大理的山川，河流，田野之中生長出自己的作品，烹一鍋肉，帶到山野之中大快朵頤。如此，楊繼新一定會滿意地笑出聲來！

畫家彭鋼於 2010 年創作的水彩畫《街頭巷尾》。

封老爺進鳳羽後，
請彭鋼為大澗村老
人畫像，畫中老人
張如烈是牧羊人，
很多人去大澗村都
會碰到他並與他合
影，他已成了網紅
牧羊人。

大澗村養蜂人的妻子

大澗村民皎玉香。

陳代章的同學、洱源縣房管所所長趙志明來鳳羽遊玩時畫的水彩習作。

鳳羽鄉藝人

攝影／褚燦雄

鳳羽銀製品老字號「保和號」李育品夫婦所製的銀器和鳳冠帽。

李春銳的馬鞍馬具製作。

一月一日起，至二月三十一日為第一學期

二學期，四月一日起，至六月三十一日為第一學期。八月一日起至十一月三十一日止，是學期。（民國元年經公布施行。）

六、鳳陽小學堂至民國十一年止

小學四年畢業至民國十一年止

詩：反正九年中直至辭訟前，以民國十一年上海小學課改為小學二部。

七、本期沒有學校（小學生學校教科多種，由省政府所

尚冊

勞作手工圖畫體操兩小科，就規成十年中同多小科，而工作科改自一科。

圖畫美術又為手工一科，改體操游方。

八、各任本院子弟校，小學校長公布行

（1）鳳陽小學院山長，鹽恒昌，身除政院部門。

（2）鳳陽小學，又復合歸，就回所手承熱，亦與肅。

（3）雨後小學部改校長，滄源恩身師任，基回。

就云蕙堂趙琛 堂金顏

李志喜的納福紙製作。

甲馬製作人施龍生。

363

施龍生的甲馬店在鳳羽鎮的主街上。

把青春獻給酒釀的釀酒師張淑蘭。

八仙案頭木工匠人張育春、張錦松父子。

抄經人楊壽陽，77歲，務農為生。62歲時加入元士村溥善壇開始抄經。他說抄經能積德，要讓佛祖看見墨蹟未乾！

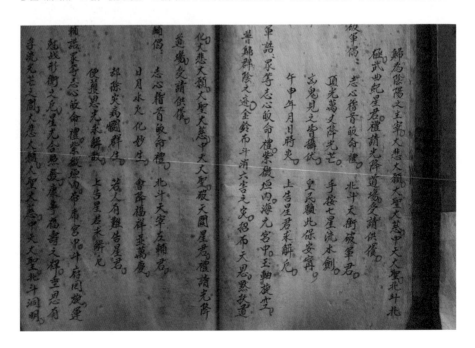

慢食·慢城·慢生活·慢學堂

從蒸汽機發明以來，世界的發展就一直在加速。我們被自己追趕得「窮途末路」。直到歐洲在工業革命兩百多年後，開始逐漸反思並減速——慢並不是慢本身，而是說永續的發展、更有效率的工作，以及，更有詩意的生活。

作為「慢食運動」的延伸擴展，「慢城運動（slow city movement）」也應運而生。1999 年，第一屆「慢城」大會在義大利奧維亞托召開，提出建立一種新的都市模式。在這裡，有更多的空間供人們散步，有更多的綠地供人們休閒娛樂。政府拿出資金補貼那些生產和銷售地方美食的農莊、特色餐館和商店。人們以時速 20 公里的速度駕駛汽車絕不鳴笛。「慢城」的會員應是人口不超過五萬的小城鎮。

鳳羽有田園，有山水，有自然條件，當我把慢學堂的想法提出來，最感興趣的是李健，立即答應做第一個簽約教授。以鳳羽為載體的慢學堂，將是一個旅遊產品也是教育產品。

雲南詩人雷平陽曾經把他的一本詩集命名為《山水課》，鳳羽的氣質與這個名字不謀而合，到這裡看山看水，就是一堂自然課。在日本北海道的富良野，有位老人做了一個「自然塾」，在森林裡設計了種種體驗課程，為的是喚醒都市人在現代生活中喪失的五感。

物產讚美大會和國際鄉藝大會

這將是未來鳳羽起飛的兩翼。

如何證明和昭示鳳羽是「蒼山之首」與「洱海之源」交合的神賜之地？唯有讓這裡的物產成為最頂級最放心的物產。如何「讓世界走向我們」？就是要讓這裡成為世界鄉藝文創的最佳交流展示之地。

物產讚美大會是人對大自然的讚美，對土地的讚美，對勞動的讚美，同時，也是設計對物產的讚美，都市對鄉村的讚美，今人對古人的讚美，生活家對源遠流長的生活智慧的讚美。

國際鄉藝大會將鋪就鳳羽成為露天美術館和藝術達沃斯之路。市集＋論壇，作品＋衍生品，慢電影節＋慢食節……頭部度假牽引會議經濟。

以物產（農業）為底色，以鄉藝（文創）為特色，這正是地理再發現、文化再發現下的「鳳羽之路」。

374

一座古廟牆上的鳳凰
壁畫。（攝影／禤燦雄）

封老爺。（攝影 / 楊暢）

柴扉門小是正門，佛堂村遠及天下

晚上，在杯子裡打一個蛋，再澆上當地的燒酒。第二天醒來，一口喝下，渾身給力。（攝影／禰燦雄）

李健在一年時間裡第三次來鳳羽。這天，封老爺正要出差上海，他們匆匆談了十分鐘。（攝影／蓓蓓）

一年三次來鳳羽

封老爺：我的理想是把這個壩子變成一個露天美術館，然後再做一些嵌入式的酒店，每個房間之間的間隔必須保持至少5公里以上。

健　哥：你這是對都市擁擠生活的狠狠報復啊！但其實你這種理想並非遙不可及，應該很快能實現的。到時候這壩子裡有物產讚美館，有露天美術館，有修復的古村落，然後地裡種上花草，種上莊稼，完全就是一種奢侈啊！現在的城裡人想找一個很少聽到各種噪音，能遠離汽車、多聽鳥叫聲的地方是很難得的。我很期待你理想規劃中的「巨石咖啡館」之類的這些東西，因為泡在那樣的環境中喝咖啡，想想那會是多麼特殊。

在籌備一個山中的慢生活學院（鳳羽學堂），第一個簽約的教授是李健，讓他在鳳羽開田野音樂課。（攝影／蓓蓓）

健哥：就像生產產品，你能控制你的買家嗎？

封老爺：我能啊！準確一點兒說，未來我這裡是做「頭部度假」。所謂「頭部度假」是我相對「身體度假」而發明的一個說法，就是用腦袋來旅遊的意思。比如你到了這麼一個地方，你是覺得這地方住得舒服想留下來呢？還是覺得這裡可以有一些交流、討論而願意留下來呢？這是有本質區別的。若是後者，就是我理想中的「頭部度假」。

（攝影／蓓蓓）

孟非說：我小麵做得特別好你知道，你以前做那個封面，現在我可以幫你做這個封面。（攝影／封新城）

封老爺

这次来日本有点小伤感。两年前去过的"面屋封"居然改换门庭了。。。

这两年啊，真是变啊变。叶帅说了，我都不敢说我喜欢什么了，因为喜欢的都没了。

好想搞个"封面馆"，吃着面看满墙的封面。

不知"孟非的小面"能帮我圆梦吗？@孟非

日本·田尻町·関西国際空港 JALグローバ...

2017年5月24日 14:15

中国
Dream

感冒了妹吃药

这些山头
这些菜地
党是哥的

这么可爱的农民，
俺都不忍心吃。

（攝影及製作／蓓蓓）

（插畫／向朝暉）

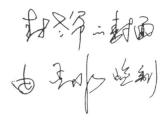

（插畫／雨軒）

（攝影／封新城）

2014 年，在大理舉辦的《新周刊》新銳榜上，互聯網大老老沈獲當年度新銳人物。此後他兩度來到鳳羽，鼎力支持封老爺的鄉村振興事業。他幾次拍著封老爺的肩膀說：「老封，需要什麼資源，儘管跟兄弟們說！」

攝影／封老爺

攝影／邵宇鵬

2013 年 12 月，烏鎮，陳丹青為封老爺題寫退步堂原名：梅園書院。（攝影／封新城）

左圖：2014 年 5 月 7 日，時任大理州政府州長何華帶領州政府祕書長馬忠華，洱源縣委書記楊承賢，洱源縣長丁洪濤到洱源考察，順便參觀了退步堂開建前的果園。右圖：2017 年 11 月與何華在北京小聚。（供圖／封新城、陳代章）

原南方電視台台長區念中和封老爺茶製作人楊經建。（供圖／陳代章）

日本笹川平和財團胡一平女士、旅日作家丁曉潔。（攝影／邵宇鵬）

深圳投資人陳鋼及電台老同事林彤、萬准。（攝影／邵宇鵬）

台灣《商業周刊》前社長俞國定。（攝影／邵宇鵬）

老友劉春、李鴻谷、楊子。（攝影／邵宇鵬）

封老爺茶的包裝設計者潘虎。（攝影／邵宇鵬）

2018 年 7 月 18 日，從美國
留學歸來的女兒封瀟瀟。
（攝影 / 陳代章）

當當創始人俞渝。
（攝影／封老爺）

三聯《生活周刊》主編李鴻谷攜其好友李虎、蕭學鋒。（攝影／邵宇鵬）

台灣印刻總編輯初安民先生及陳墅、小森。（攝影／陳代章）

搜狐副總裁曾懌及姜軍、朱德付、萬迪恆為一粟堂開工剪綵。（陳代章供圖）

葉永青、岳敏君、張揚等藝術家。（陳代章供圖）

騰訊副總編輯李倫夫婦、衡山和集創辦人令狐磊。（陳代章供圖）

一萬噸的白雲
那麼重
那麼輕

我在微博
青島
北京
美國 66 號公路
日本四國
鳳羽退步堂
都見過它

義大利
葡萄牙
也見過呀

攝影／陳秋堂

文 / 作業本

　　人生很多重要的相遇往往發生在一些匪夷所思的環境中，比
如，十年前我遇到封老爺的那天，竟然是在青島的一家東北菜館
土炕上。

　　土炕三面是牆，牆上貼滿了濃烈的牡丹花牆紙，燈光昏暗，
我們互相看了一會，有三十秒以上的時間，只聽見窗外的海風挾
著樹葉隱隱作響。他大概看我有些古怪，我看他有些不知所措，
兩個人盤腿坐在一個匪夷所思的土炕上，完成了第一次尷尬的網
友見面。

　　第二次在青島一家老菜館見面。那菜館老到什麼程度呢？樓
梯還是我小時候見過的樓梯，細細的花崗岩地面，被食客努力磨
平到幾乎看不出地面構成，唯有旁邊輕薄廉價的不鏽鋼樓梯扶手
昭示著它所有的現代化。二樓最小的包間能坐四個人，我們努力
的抽菸，營造一些假裝思考的氣氛。也努力的喝酒，擺出一副重
逢的樣子……但這仍然是一次匪夷所思的會面。多數時間是他在
說，我走神的聽。

　　第三次會面仍然是在一個匪夷所思的環境，在北京，他的臨

作業本在日本祖谷拍封老爺。（攝影／丁小貓）

2016 年 10 月 27 日，祖谷的早晨。
一個月後，一段關於祖谷和鳳羽的對話。

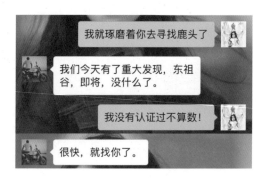

我就琢磨着你去寻找鹿头了

我们今天有了重大发现，东祖谷，即将，没什么了。

我没有认证过不算数！

很快，就找你了。

時住所。我過去的時候他坐在一個偌大的桌子前，已經點好了外賣，芝士海蠣子，烤雞翅，紅酒。瞎喝瞎聊，該聊的早就聊完了，剩下的時光就是喝酒，不一會我就喝多了，在計程車上沉沉睡去。

第四次見面，在廣州一家巨大飯店的巨大包房裡，仍然是我們兩個人。服務員看著我們，略有些手足無措。她大概也在琢磨，再有兩天就除夕了，這兩人坐在這裡親切會談些什麼呢？親切會談的具體內容像風一樣散去，我只記得帶走了他兩瓶日本古酒。

那酒至今還放在我的書櫃裡，好像在等待一個打開的日子。

第五次見面，那是 2016 年，長途飛機之後，又經過六十分鐘的汽車旅程，我在佛堂村裡退步堂中見到了封老爺。

在退步堂極目遠望，視線抵達次序為近景樹木、中景村莊、遠景光霧，背景是壩子。

光線籠罩著鳳羽的壩子，村莊沉浸在光霧幻影間，遠山似在呼喚，鄉村靜默不語，似在台灣，像在日本⋯⋯從前所有的匪夷所思終於結束了，好像全中國的霧霾盡皆散去，我從未感到如此舒適。

人生很多重要相遇總要有一次發生在對的環境裡，比如鳳羽。

茂德公集團董事長陳宇。（陳宇供圖）

封老爷

老友陈宇这些年忙于""退步"，从城里退到郊外，再一直退到老家雷州半岛的乡下。他有自己的海岛，盖了雷州最好的酒店，也把村里荒成牛棚的小学修缮成书局。特别有心的是，公司和主打产品茂德公取自爷爷的名字，而"昌公书局"和民宿"木荣小住"则取自父母的名字。陈宇爱草堂，甚至把茅草屋建在酒店中庭，取名"一亩三分地"。水泥建筑包围中的稻田和草屋，这本身就是一件一目了然的现代艺术装置哈。对，我在那草屋里住了一晚。

2016年7月4日 下午5:43　删除

鳳羽慢城農莊的指天椒已成批發往廣東茂德公集團。合作夥伴陳宇
董事長和他的團隊多次來鳳羽，探索洱海源頭生態農業的合作前景。

上海投資人洪碧聰。（攝影 / 邵宇鵬）

設計師趙揚。（攝影 / 邵宇鵬）

白日夢旅行創始人孫博。（攝影 / 邵宇鵬）

一點資訊考察團。（攝影 / 邵宇鵬）

《新周刊》三位創始人齊聚鳳羽。（攝影 / 陳代章）

（攝影／捷小哥）

于丹。（攝影／褳燦姃

老封在鳳羽撿回了半條命

文 / 于丹

　　鳳羽是個好聽的名字，我們習慣叫它鳳羽古國。這四個字在舌尖上轉一轉，那種自由任性的味道就漫散在陽光裡。

　　我騎著寬胎山地車，從高高的山坡上一衝而下，在窄窄的田埂上顛簸前行。四野都是水田，高處有風。

　　我踏著塵土飛揚的羊腸小徑，披荊斬棘走在樹叢裡，開路的小夥子拿著鐮刀。腳下原本沒有路，回顧所來徑，小路迤邐而成。

　　封老爺戴著一頂樹皮帽，嘴角叼著菸，指點他的古國江山：這裡就是星空谷，那裡就是瑞士湖。

　　我很是相信他的話。我一直相信他的話。上次跟他一起騎車經過的蠻荒，再來時已經立起了三只鋼筋焊編而成的碩大蘋果。因為蘋果只能從田埂上滾過來，所以立起來的時候，瘦得比鴨梨還要頎長。封老爺好脾氣地站在一邊，指揮著鑽進蘋果核裡的當

2018 年 11 月，于丹攜「50 億藝統」王甜甜，浙江衛視編導捷小哥等組團來鳳羽為封老爺慶生。（攝影／楊曉雪）

地藝術家往外推鋼絲，盡量讓蘋果胖回到這個物種該有的樣子。

封老爺說：夏娃一個蘋果，牛頓一個蘋果，喬布斯一個蘋果，把我們的生活變成了這個樣子。我知道他想在古國荒原上種出第四個蘋果。那就是當地那種酸甜可口妙不可言的醜蘋果。

創辦《新周刊》之後的十九年間，封總是每周播種選題收穫樣刊的人。那時候《新周刊》的封面，真心是語不驚人死不休。我一向認為封總很享受他「賤養兒貴養女」這種常態生活──女兒是封瀟瀟，兒子是《新周刊》。終於有一天兒女養成，封瀟瀟出國留學去了，《新周刊》收到了封總的辭呈。

知道消息的那個晚上，我大驚！發信息問他：離開《新周刊》？那裡面有你的半條生命和全部愛情啊！

然後，就有了鳳羽古國的總部退步堂。在這裡，老封變成了封老爺；在這裡，老封找回了他另外半條命。

「手把青秧插滿田，低頭便見水中天。六根清淨方為道，退步原來是向前。」

當世界保守的時候，他選擇了新銳；而當全世界進步洶湧澎湃的時候，他以退步為新的選擇。

記得北島的一句詩：「在沒有英雄的時代裡，我只想做一個人。」而封總，卻是在英雄輩出的時代裡，淡定而果決地選擇──做一個人。

從封總到封老爺，有點兒像從蘇軾到蘇東坡。蘇軾當然是個

2013 年 11 月 6 日，于丹在《新周刊》大理專題的首發式上。
（攝影 / 封新城）

名垂青史的名號，讓人想起翰林學士、禮部尚書和新舊黨爭。而東坡居士這個散淡稱呼傳世更久。如同七百年後的林語堂所言：只要提起蘇東坡這三個字，中國人就會露出會心的微笑。

壯懷激烈屬於時代，雲淡風輕屬於歷史。朋友們說封老爺以退步為新銳，老爺抱著他那隻純正藍短的「少爺」，笑而不語。

于丹在封老爺離開《新周刊》時說，《新周刊》是老封全部的愛情和半條命。這次她來鳳羽說，這句話要改改了：「老封你的半條命已經被你在鳳羽撿回來了！」（攝影 / 邵宇鵬）

封老爺

俺在大理乡下的退步堂小院，除了自住，
主要用来接待亲朋好友度假隐居什么的。
今天收到一笔汇款，来自我最敬重的行
尊、中国期刊协会老会长张伯海先生。已
经85岁高龄、极具民国范儿的老先生执意
寄来的这笔钱，是退步堂的第一笔收入。
我跟村里人说，一定要文物级收藏这笔
钱，这是最干净的人给我们的最干净的
钱。我做杂志19年，别的都是烟云，但结
识并与张伯海老先生成为忘年交，是我一
生的荣耀和财富。

2016年12月14日 11:38

張伯海在退步堂。（攝影／陳代

茈碧湖。古道與高速相接，山居與水鄉相鄰，既有田園風光的旖旎，又有大山大水的豪放。鳳羽的周邊有兩個湖，鳳羽河流進了茈碧湖，而從退步堂翻過天馬山，就是小西湖。（攝影／封老爺）

鳳羽距瑞士僅三十分鐘。

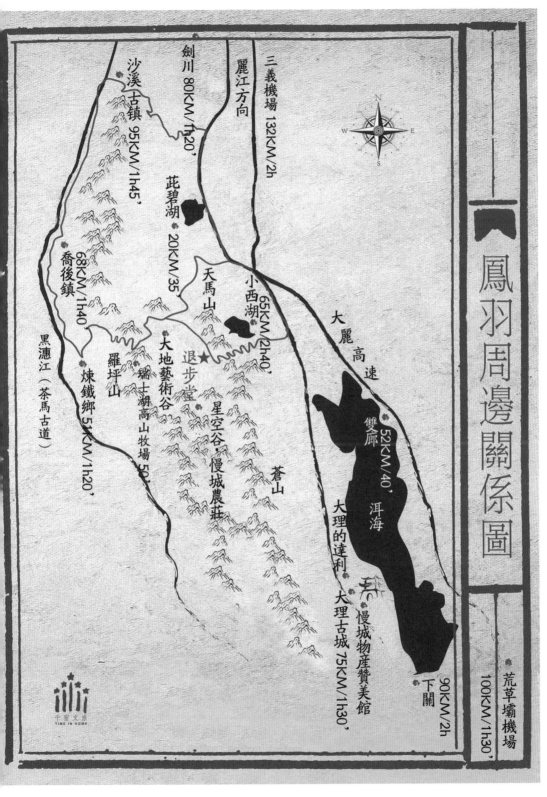

鳳羽周邊關係圖

羅坪山。（攝影／邵宇鵬）

羅坪山頂，海拔三千米的高山草甸。（攝影／邵宇鵬）

雲上的行走。（攝影 / 邵宇鵬）

天鏡湖。但封老爺去了以後固執地叫她瑞士湖。（攝影 / 孫博）

（攝影 / 趙輝）

沙溪古鎮。（攝影 / 封新城）

封老爷

南北走向的罗坪山脉，其北端西麓有个沙溪坝子，其南端东麓有个凤羽坝子。两个坝子面积都是200平方公里左右，人口都在3万上下。建筑上，沙溪为夯土，凤羽为石砌。

有南北、见东西，互左右，可知上下？

自然是沙为下，羽为上。

所谓：沙溪呢喃与小资缠绵，凤羽不语是大资的默契。

嗯哼。

大理白族自治州 · 沙溪 · 既下山SUNY...

2018年7月9日 下午4:00　删除

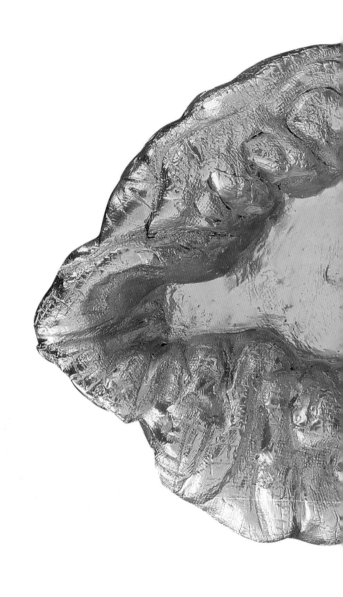

劍川黑陶藝術家楊繼新隨手捏出的鳳羽壩子灶

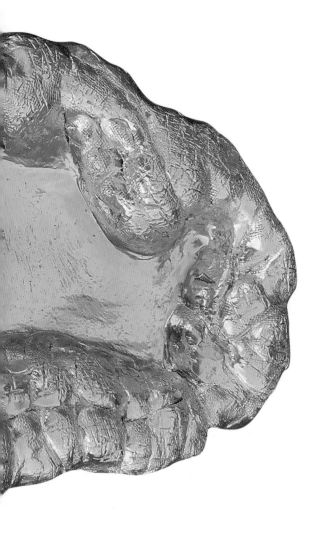

看，像極了凹進去的台灣島。

隨隊的雲南導遊
說，來台灣這麼多
次，從沒見過哪個
旅遊團像你們這
樣一個景點不去，
一頭扎到鄉下的。
（攝影／梁雅貞）

2018 年，雲門舞者在「池上秋收稻穗藝術節」演出《松煙》，成為池上田園的美麗風景。（圖片提供 / 雲門文化藝術基金會、台灣好基金會 攝影 / 劉振祥）

2012 年 6 月，封新城率《新周刊》團隊赴台灣採訪；2018 年 10 月，
封老爺又率鳳羽團隊赴台灣鄉村考察。

鳳羽人台灣文創行
猜想的彼岸與真實的對岸

文 / 施懷基 曾曾

　　2018 年 10 月 22 日至 10 月 29 日，由封新城組織策劃的鳳羽考察組，到台灣台中、台東、台北的鄉村農業、文創、民宿旅遊等等進行了為期七天的深度考察。

　　整個行程考察了台中、南投、花蓮、台東、台北等縣市，既有像台北這樣的發達城市，也有花蓮、南投等小縣城，還有竹山、池上等郊區和農村；既考察了發達城市如台北的文創園區，也考察了偏遠郊區及鄉村的農業、民宿和文創。

　　從自然景觀、人文歷史、城市和人口規模等客觀資源來看，台灣比不上內地；但是，台灣的農業、文創總體要比內地做得好得多。兩地在文創、農業和旅遊等方面的區別在於：內地粗糙，台灣精緻；內地急躁，台灣耐心；內地粗放，台灣周密；內地急功近利，台灣寧靜致遠；內地執著於形而忘其神，台灣形神皆修……台灣考察期間看了多個成功的典型，正符合董仲舒說的「仁

人者，正其誼不謀其利，明其道不計其功」，不急功近利，方能
得到成功，這正是值得我們學習的地方。

1、竹山文化園

施懷基：考察的第一個點是台灣中部南投縣的竹山鎮竹山文
化園。竹山鎮位於台灣省南投縣西南隅，地處濁水溪南岸、清水
溪東岸，有「前山第一城」之稱。竹山鎮為南投五鎮之一，因山
丘多竹而得名，並以竹製藝品與食品、紅番薯及烏龍茶等著名。

竹山文化園區依託當地多竹子的特點，以「竹」為核心，緊
扣「生活技藝、生活產業、生活文化」，規劃出竹博物館、地方
文化館、地方產業館、休閒廣場及大地竹境五個空間區域，讓遊
客在參觀、飲食、住宿、購物等多方面瞭解竹文化，由此帶動和
促進當地經濟和旅遊的發展。

由於時間限制，在竹山鎮考察的主要內容是網紅民宿「天空
的院子」、「小鎮文創」和「竹蜻蜓人文空間」。

「天空的院子」距離竹山鎮約三十分鐘車程，位於海拔 800
米的竹林之間，被譽為台灣最美的民宿，是一個網紅民宿。

「天空的院子」是一個日式三合院，由一個破舊的老院子改
造而成，在竹山林海之中，簡潔的日式建築，古樸的石頭，清澈
的泉水，從視覺上很唯美，而從喧囂的都市人眼中，又恰顯禪意，
宛如隱士的居所，剛好可以給人眼睛一亮、並想住下來的感覺。
院子的主人何培鈞，在十多年前爬山發現這個破舊而閉塞的院落，
後來投入鉅資原樣改造，期間曾面臨無數的困難，但最終還是堅
持了下來。守舊和堅持，成就了「天空的院子」的成功。

某種意義上，「天空的院子」就是其創始人何培鈞的「退步堂」，就從這裡，他延展至今天的竹山文創系列。（攝影／梁雅貞）

　　竹山小鎮的文創，基本都圍繞著竹子，利用竹子，創造出生態牙刷、杯子、碗具等；同時，還鼓勵其他一些繪畫藝術等創作。由竹子為原料的文創產品，一直秉承一個理念：「生態！」這樣的定位，既瞄準了現代人對健康無比重視、對手作比較喜愛的心理，又瞄準了中高端消費這一個能帶來相對較高利潤的群體，無疑是很準確的。據介紹，竹山鎮用竹子製造出來的牙刷、杯具等等，目前已經在歐美和日本等地銷售。

　　竹山文創園鼓勵一些手作人士和藝術家留在竹山居住和創作，並為他們提供一些物質上的便利。同時，還結合台灣完善的志工制度，通過「青年換宿」的方式，招徠更多的年輕人來到竹園參與文創工作。

「竹蜻蜓人文空間」前身是一個老的客運站，隨著交通不斷發達，客車不再進站，客運站失去了基本功能，面臨閒置或者拆除的狀態。何培鈞對客運站二樓進行改造，植入竹山特色竹元素，提供竹山本地的食材餐飲，讓客人在一個 70 年代的建築之中品味竹山美食，或者懷舊，或者參與一些文創互動活動。

　　竹山鎮本來是小縣城南投縣的一個郊區小鎮，除了竹子，並無太多的自然資源和優勢，但以何培鈞為首的文創人，通過長期、耐心、細緻的努力，通過打造網紅民宿，打造「環保」創意的竹產品，保留標誌性和記憶性的建築，向人灌輸竹山文化的價值，使竹山不至於成為一個單調的城鎮和自然景區。當然，何培鈞的創業經驗和個人魅力，也是竹山吸引人的重要部分。

　　曾曾：「工作和社會的關係是什麼？你的工作有沒有讓社會變得更好？」南投天空的院子創始人何培鈞一個小時的演講讓理想這個詞有了從現實中磨礪出的耀眼光芒。在返回台中的一個小時車程裡他的話還在回響。直到逢甲夜市的臭豆腐香飄來才恍惚回過神來。荒煙蔓草沒落的老宅喚起何培鈞復興傳統文化的熱情。而理想轉化的過程何其艱難。從跑十六家銀行借貸到入不敷出面臨絕境的焦灼……內心有光的人，世界的燈都會為他而亮。音樂人馬修・連恩為他而來，吳念真、陳文茜為他推薦，人們因讓社會更好的質樸動機連結在一起。夢想在一塊被多元文化激盪和滋養過的土壤似乎更容易生長。因為這裡總有人願意懷著希望期許未來。何培鈞用行動給夢想這個詞最好的注釋！

　　回想起來，那天看到「天空的院子」與想像中落差很大，一個簡簡單單的老院落怎麼就成了台灣最美民宿了呢？直到晚上八

點多等來了創始人何培鈞，聽了他的演講，完完全全逆轉了白天的霧裡看花。從一院老宅的改造到整個鎮被激發調動參與到各個文創項目中，何培鈞就是其中的催化劑和撬動者。文創的關鍵要素是人，人的核心是創意。尤其印象深刻的是，他的「點子換宿」項目。不管你有怎樣的才藝，只要你給竹山文創出點子，做項目，就可以來這裡免費住宿。於是世界各地的青年來到這裡，有教印度舞的，有塗鴉畫畫的，有搞設計的，一個點子換來了無限價值。

於是我想如何把這樣的點子借鑒到鳳羽？比如影像招募計畫：鳳羽有一些古老的技藝需要及時保護挖掘，像馬鞍製作，竹篾編製等等，將來要活化這些古老的技藝，讓它們成為在地物產的組成部分，首要的一步是把它們記錄保護下來。我們可以用換宿的方式在假期招募大學生志願者，以參賽的方式，拍攝記錄這些老藝人的手藝。比如在地食材創意比賽：鳳羽原生好食材怎樣有更多的烹飪方法，讓不同的廚房達人一起參與探索和發現。如何用創意吸引創意？怎樣激發更多人共同參與創造？何培鈞一個小時的演講給我們無限想像和實踐的可能。

2、薰衣草森林

施懷基：薰衣草森林位於台灣中部偏僻的深山之中，如果在大陸，很難想像，有人會在這樣的深山裡做旅遊文創。十二年前，台灣女生詹慧君和林庭妃二人，一個想擁有一小塊薰衣草，另一個想擁有一個小咖啡屋，二人一拍結合，投資約四十萬人民幣，開始在深山裡種起了薰衣草，開起了咖啡館。

在土地金貴的台灣，薰衣草森林的面積並不大，目測就幾十

畝。 二人最開始種植的薰衣草，也僅僅只是 1 平方米而已，現在才發展到 了 1000 坪左右，與內地動輒幾百畝的花海相比，無疑是袖珍型的。

依託於周邊綠色的森林，薰衣草森林以紫色調和白色為主色調， 與周邊環境非常協調。薰衣草森林規劃了香草市集、紫丘咖啡館、幸福信箱、許願林、旋轉木馬、薰衣草餐廳、薰衣草民宿、森林美術館等等，開發出許多薰衣草飲料、薰衣草菜餚、薰衣草精油、薰衣草香包、手工香皂、手創茶、杯子杯墊、雨傘、手記手札、料理書、畫冊等產品。薰衣草森林入園的「淨身儀式」、下午的「祈禱儀式」、喚起回憶的旋轉木馬、傾聽樹木的心跳，以及儀式感十足的露天西餐，加上薰衣草森林無所不在的「故事」、「感情」，既適合帶小孩的家庭遊客，也適合年輕人，更能讓遊客在這小小的地方停留半天還讚讚不絕口。而薰衣草森林經常舉辦各種活動，又能讓遊客第二次再來，產生二次消費。

二名女生在薰衣草森林創業成功的基礎上，短短幾年中，又在台灣中北部開了三個面積幾十畝的「薰衣草森林」、三家「緩慢」民宿，一家「心之芳庭」婚宴場地，及九間「香草鋪子」香氛零售專賣店、四間「好好」餐飲輕食專賣店等衍生品牌，目前每年產值已經過億。

薰衣草森林面積雖然小，但其定位在於跨業結合，經營附加值，通過向一個美感空間（薰衣草森林）注入情感元素，注入儀式感，增加品牌的價值，創造口碑行銷，最終衍生出多個盈利產品，而完全脫離門票經濟（薰衣草森林的門票約人民幣 20 元，門票可以在裡面折合現金消費）。這是一個很經典的範例，

兩個台灣女生在台中深山裡開了個咖啡館,如今公司年營業額六億新台幣,已延伸出九個子品牌,是現時台灣休閒度假第一品牌。薰衣草森林創始人之一的林庭妃笑著說:你看,夢想也可以當飯吃的。(攝影 / 封新城)

與內地簡單粗暴收取門票的花海(比如大理,多數花海已經在競爭中倒閉)截然相反,非常值得借鑒:創意生活產業的賣點,不在於良好的產品功能,或是強調標準化的服務流程,更重要的是賦予產品一則故事、一種感動、一個認同,來滿足目標客戶的心理需求。

曾曾:兩個愛做夢的浪漫女生,一個想開咖啡館,一個想要一片紫色薰衣草,於是她們分別辭去工作,在一片森林裡開了一家咖啡館。這是一個聽起來根本不靠譜的創業項目,發起女生庭妃的表哥王村煌也對這個計畫投了反對票。可是現在他卻成了公司董事長,托起兩個文藝女生的夢想。由於我的感性,常常陶醉

於星空的燦爛而忘了腳下的溝壑。所以聽這個因夢而起的項目分享，我提醒自己別忙著陶醉，要聽清託夢者的現實邏輯，要看懂圖表背後的深意。可是王先生講到《詩經》講到托爾斯泰……講到「好好」品牌的理念形成，是從善意出發實現你好共好的社會價值。作為企業負責人怎麼賺錢他沒講，而在企業理念裡有一句話「有沒有一種企業，不只能獲利，也能成為地方的驕傲」。他們把社會價值認同看得很重！聽下來，這個已經年入六億新台幣的企業引領者始終沒有忘記他們為何而出發。

回看薰衣草森林的照片，入口處一張大大的明信片上寫著：寄不出的最思念。寄不出的，我們只能刻下文字，像樹用年輪刻畫過去一般自我療癒，然而山神將溫柔的收起你的祕密與思念。」這就是薰衣草森林的調子：文藝範，小清新。它的體驗設計目的是讓遊客能通過森林療癒找到幸福感，可是幸福感很抽象啊，怎樣的產品設計和服務能讓人有幸福感呢？我感覺薰衣草森林的創意團隊有清晰的受眾定位和心理分析，在此基礎上，他們的創意經過了假設、提案、體驗、驗證、修正這幾個過程。所以一個抽象的概念目標，經過了縝密的基礎調查和研究，甚至是在各種資料的基礎上推出產品。感性目標，是用理性方式達成的。

3、大地餐桌

曾曾：林奕成，薰衣草森林大地餐桌大廚。在開餐之前，林大廚帶我們認識食材，說到蘑菇，他說蘑菇要用手撕不要用刀切，因為會有刀味！「刀味」我馬上想起外婆曾和我說過一模一樣的話。接下來的豬油渣飯，雞蛋湯又讓我從味覺裡勾連起回憶。「找

回小時候的味道」正是林大廚所想傳達的。學西餐出身的他卻把質樸作為自己的烹飪信仰。將土地、食物和人連接在一起，讓大地餐桌有了感恩自然的儀式感。最後一道食物叫「剩粥」，用做菜的邊角料會合而成，吃到這裡「剩粥」已成「聖粥」！以惜物之心感恩自然的饋贈，吃飯成了對食物的禮讚！

　　在台灣的幾餐飯都印象深刻，尤其是大地餐桌對鳳羽有借鑒和參考的價值。自然質樸的食物在同樣自然的環境中給食客帶來的美好體驗感是成倍增加的。因為在自然之中你打開的不僅是味蕾而是全身心。鳳羽的食材和鳳羽的環境二者結合能互相加分。這其中我們最需要學習的是如何營造吃飯的儀式感？說菜環節必不可少，當你知道食材的來處，廚師的心意之後，會產生對盤中美食的珍惜之感，而食物的味道藉由情感的力量得到了昇華。因此鳳羽的食材和食譜需要做研究和調查，未來的星空餐廳不僅僅是餐廳，也將會是通過食物連接自然與情感的獨特空間。

4、池上鄉

　　施懷基：池上是一個農業鄉鎮，位於台東縣北部，中央山脈和海岸山脈中間的峽谷之中，特殊的地形，造就了池上獨特的氣候，並且適合種植優質的大米。

　　池上鄉總面積約 80 平方公里，人口不足萬人，經濟來源主要是農業，一年可以種兩季稻米。

　　池上鄉和雲南很多郊區和農業鄉鎮有類似之處，比如大理洱源的鳳羽，兩者相似性很多。

　　池上鄉有數萬畝的稻田，已經實現機械化耕種和加工；此外，

從種植到銷售，管理非常精細，使得池上米成為「優質米」的代稱。

池上鄉的農業參與者有農戶、農社、企業等，從種植開始，在每一塊田上標注農戶名稱、電話、住址、耕作心得、耕作面積、得獎記錄和認證等；在加工過程中，用先進的儀器對每一塊稻田產出的米進行檢測，對安全和營養達標的大米進行分級包裝。在銷售點，則做大米耕種加工等過程、歷史、文化進行直觀的展示，最終一個目的，就是讓消費者看完全程之後，覺得物有所值，願意購買。池上鄉的數萬畝稻田，加上周邊的村莊，以及池上的藍天白雲， 是現代都市人難得一見的田園風光。池上鄉通過農社的力量，一方面阻止任何破壞稻田風光的行為，甚至連一根電線杆都不讓裝在田裡； 另一方面，在稻田中設計了自行車道，秋收和耕種季節可以行使農業機械，平時則提供給遊客騎行。與此同時，出租自行車等又給農民帶來額外收入。

池上鄉聘請了著名畫家、詩人和作家蔣勳作為藝術顧問，並由穀倉改建成「池上穀倉藝術館」；而著名舞蹈藝術家林懷民，則每年舉辦池上藝術節，在稻田之間，用舞蹈、用音樂、用美學、用藝術向世界展示池上風光；而在藝術節期間，池上人也幾乎全員出動做志工， 又給遊客留下池上人最美的形象。

池上絕美的稻田秋色，又引來明星金城武拍廣告，把池上變成網紅景點，而池上也借勢行銷，把金城武拍廣告的路稱為金城武路， 進一步增加池上的知名度。同時，還有一些作家、詩人、藝術家在池上創作，每一個作品也在增加池上的影響力。農業觀光旅遊是最不容易做的，但池上做得很成功，成功的經驗在於：通過社區的力量，保護、改善田園風光和鄉村風貌——生產有價

池上鄉做稻米做到了教科書級別，課本就在稻田邊。封老爺的願望是：讓池上鄉給鳳羽當老師，等「鳳羽白米」打出了品牌，鳳羽和池上就結為姐妹鄉鎮。（攝影／封新城）

值的農作物（池上米）——通過藝術家增加池上的知名度吸引遊客——最終增加農作物的經濟價值，並帶動餐飲、住宿、交通等二次消費，創造更多的經濟價值。

曾曾：池上萬安，即便平日不熱中拍照的人也會拿出手機狂閃，萬頃金黃實在是太奢侈的布景。田間一塊木牌上有農人的名字，他怎麼耕種，拿過什麼獎全有記錄，這裡的農人是把稻米當自己的作品來細作的。當我們醉在其中，卻難以感受他們日復一日的重複與疲倦。我們眼中的詩意於他們不過是生存的必需。萬安社區只有四百多人，早年不少國民黨底層老兵流落於此，深處寶島僻壤，他們唯一的資源是土地，活下去的唯一辦法是認真的耕耘。

早在二十年前，這裡的農人就開始醞釀這裡的美，他們自覺的不在核心區插電杆蓋房子，他們控制農藥化肥以種出乾淨的稻米為榮。在土地私有化的地方，統一對土地的認知何其艱難。農協導覽的老伯說，他們年輕時就開始做這件事，是為了給到城市打工的兄弟姐妹留下一片淨土。正是這樣的自覺和自律讓今天的池上成為人間天堂。

　　池上秋收稻穗藝術節的志工全是當地中學生，他們從早上站到下午，用稚嫩而熱情的聲音引導遊客，社區創建連接調動起所有人。這塊土地上的榮光有我一份，是他們看重的價值。現實不易卻依然保有熱情去努力創造我所期待的家園是池上農人帶給我的啟示！

　　雲門舞集在池上表演的這一天，早上起來就發現酒店餐廳坐滿了人，路上也都是衝著看演出來的遊客，整個池上因為這場演出有了隆重熱烈的節日感。相比國內現在方興未艾的各地稻田藝術節，大地藝術祭，好像大都雷聲大雨點小。而一個雲門舞集就把整個池上的稻穗藝術節格調人氣都拉高了。所以藝術節，活動不在多在精，植入有影響力的品牌很重要。

　　從池上帶來兩本當地的地域刊物，回家細看，發現池上帶給我的感動是由一個個普通而又具體的池上人構成。刊物裡介紹了池上很多家料理小店和民宿的故事。這些店主並不完全是池上原住民，有很多城市返鄉，熱愛土地和鄉居生活的人們。在池上我感慨於池上農人的超前意識，他們到底是怎樣一步步成為今天的樣子？我想這其中和從城市返鄉人群有很大關係。他們的回歸帶來了對土地自然的新認知，對審美的新要求，對食材的新創造，

2017 年 12 月，封老爺第一次文創行時，與台灣遠流出版創始人、華山文創園區董事長王榮文先生在園區裡。七十多歲的王先生每天的節奏是：上午開選題會，下午逛文創小店。（攝影 / 俞國定）

因為人的因素帶動了城市對鄉村的反哺。因此在這本小冊子裡，我看到當地秋收活動，有藝術節、音樂節、文學講座、裝置藝術、國際論壇和博覽會，這樣一些活動讓池上早已超越了傳統意義上的鄉村，而這種超越是需要人來引領和改變的，鳳羽的未來也同樣要靠吸引更多真正熱愛鄉村和藝術的人扎下根來。

5、華山文創園區、松菸文創園區

　　施懷基：華山文創園區和松菸文創園位於台灣發達城市台北，兩個文創園區都利用了過去舊廠房等重新改造和設計，並吸引眾多的文化創業者入駐。

與內地各種園區有所區別，內地的園區，基本是就是出租場地和鋪面，收取租金及管理費，其餘就是自生自滅。

　　松菸文創園區利用的是舊煙廠的廠房修繕改造而成，園區除了出租鋪面，自營文創商店之外，也專門邀請一些音樂藝人，如SHE.，江蕙、Ella陳嘉樺、蕭亞軒、Matzka、魏如萱等參展。並專門利用經濟價值不大的二樓做了「松菸創作者工廠」，設立創作空間、共創空間、國際創作空間、機具設備間等，吸收新的文創業者入駐，並對之進行免費的培訓，提供機具設備等，可以免費使用二年。二年之後，已經成長起來的文創業者可以租用一樓的鋪面繼續留在松山文創園區創業，或者自行到其他地方創業。這就會吸引很多年輕的創業者入住松山文創園區，並在學習和交流之中，產生更多的創意，更好的產品。松山文創園區也因此培養更多的原創人才及原創力，因而也被稱為「台北市原創基地」。

　　華山文創園區原址為台北酒工廠，經營方式與松菸文創園區大同小異，園區也有很多文創業者、藝術家入駐。所不同的是華山文創園區側重於舉辦文藝活動和藝術展覽，舉辦許多時裝、繪畫、音樂、出版、電影等等文化相關的活動，通過活動吸引遊客前來參觀，繼而帶動消費、購買等。園區的舊廠房經過修繕之後，依然保持著陳舊的特點，加上一些美味餐廳、小酒館和咖啡館，每日來參觀閒逛的遊客不少。我曾經說過一句話在這些地方也得到印證：「就人類的審美來看，建築與小姑娘不同，小姑娘越年輕越受歡迎，建築卻是越老越值得欣賞。」

　　曾曾：這裡以體驗為核心，每一個店都在輸出故事，都有粉絲群。40平方的青鳥書店竟然每天都有講座活動，而整個園區一

年做活動一千多場。華山成為台灣人的一個舞台，連接了無數有創造力的人，吸引了很多熱愛文化藝術的年輕人。最難得是這裡實現了藝術與商業的平衡。倉促一瞥，這個創意擂台所迸發出的活力只能感受一二，學習轉化是記住這裡的最好方式！

十年前台灣文創發展公司董事長王榮文先生就為華山文創成功與否定下指標：一、能否成為文化明星和創意人才的匯聚之地？二、能否帶給訪客感動體驗，成為文化觀光熱點？三、能否成為資金提供者尋找文創人才的聚落？我在王榮文先生送的華山2017年報上看到，華山文創園區三個月宮崎駿展覽創造了盈利三億多的奇蹟。所以可以加上第四條了，能否創造商業盈利模式？翻看這本華山年報，簡直就是進入一個魔幻的創意江湖，文化科技、生命科學、教育、文學藝術，華山一年上千場的活動涵蓋了方方面面。這個創意平台爆發出的能量讓人驚訝。如何做到？兩個小時的華山行難以一探究竟，未來我們能做的唯有以更開放的姿態，更包容的胸懷讓想法萌芽開花結果。

結語

台灣幾個比較成功的模式中，細節很重要，時間很重要，概念很重要，儀式感很重要，會講故事更重要，這恰恰是內地，尤其是大理所缺乏的。內地很多事情沒能做好，主要是粗糙、粗暴、急功近利、沒有文化內涵。今天種一片花明天就派兩個大媽收門票賺錢，有好酒卻沒有好故事，有好菜卻沒有讓客人有好的享受儀式……

要在大理做文創、做農業、做鄉村振興，台灣值得學習的地方確實還很多。

台灣最美的風景是人。台
灣最酷的風景是文創。鳳
羽人的台灣文創行，收益
良多，相當於翻過了十座
蒼山。（攝影 / 梁雅貞）

穂は見えないほどに、高く成長した稲穂。
九月、鎌をふるい、一粒も残さず収穫を取り込む時だ。
田から重い束をやっとのことで運び去る。
十月にはすっかり乾燥させ、脱穀するためだ。

越後妻有的代表作之一，俄羅斯藝術家伊利亞・卡巴喬夫的「自然立體繪本」：《梯田》。（攝影／傅沙）

五月の初め、太陽が照りつけ始める。
水は充たされた田の面が、暁の光に光る。
経験豊かな手が、暖まった大地に種を播いてゆく……
鋭く尖った芽が、大地から濃く生い立っていくように。

四月、輝く太陽。雪は消え、湿っぽい霞が空中を充たす。
ずんぐりした馬が、重い耕作用の鋤を懸命に引っ張る。
春のうちに、田んぼの準備を入念に。
新たな播種と種の植え付けのために。

五月の牧場の……々は芽吹き、田の水はゆるんでくる。
大地から与えられ、茎が伸びでゆく……
植え付けられ、順々に大地を飾らせるように……
奇妙な木製の柵、タワクを転がして……

日本新潟縣鄉村的初秋風景，到了冬天，稻田和河流都會被大雪覆蓋。這裡就是川端康成在《雪國》裡寫下的：「穿過縣境上長長的隧道，便是雪國了。」（攝影 / 傅沙）

日本鄉村振興的十個範本

文／丁小貓

藝術：新潟縣越後妻有地區

　　新潟縣的越後妻有地區和香川縣的瀨戶內海群島，如今是日本的兩大藝術中心地，尤其是三年一度的「大地藝術祭」和「瀨戶內國際藝術祭」，不僅是國內最大的藝術盛事，在海外也具有很高的知名度。尤其是 2018 年秋天舉行到第七回的「越後妻有大地藝術祭」，超過三百多組藝術品散布在 760 平方公里的山野自然之間，被公認是世界上最大規模的國際藝術祭。

　　無論是越後妻有還是瀨戶內，直至二十年前都仍是無人問津之地。產業低迷，農業荒廢，因少子高齡化而導致人口過疏。多年前採訪策劃人北川富朗時，他曾如此描述藝術節進駐前的狀況：「土地利用率越來越小，耕作者越來越少，且大都是超過 70 歲的老人。當地農民的工作價值，平均每小時只有二百日元（約合人民幣十二元）。」北川富朗考察越後妻有時發現，其中超過四

分之一的梯田已經失去了特定的主人，長年荒蕪，乏人問津。「梯田是人和土地融合的文化結晶，不能因為效率太低就放棄，經濟優先是日本近一百年才形成的價值觀，從人類更長遠的發展來看，如果因此將傳統文化遺產廢棄，將會造成更大的問題。」越後妻有里山協働機構事務局長關口正洋如此闡述藝術節創辦的初衷，「農村文化是否還有深入尋找和挖掘的可能性？我們選擇了藝術的手段。」

　　藝術與鄉村結合，二十年前的日本人對這樣的組合是缺乏想像的。第一批進入越後妻有的國際藝術家起初並不被歡迎，但他們在村民的嚴峻批評目光中，不斷考察和調研，與當地人建立起信賴關係。這個從前連一個美術館都沒有的偏僻鄉村，如今緊緊和草間彌生、川俣正、阿柏拉莫維琪、原廣司等國際藝術大師聯繫在一起，當地人的生活也隨之發生改變：他們不僅得到了工作的機會，同時也重拾了對土地的驕傲。藝術確實使這個地域得以振興：荒蕪的稻田成為最好的藝術品展廳，廢棄的小學校成為人氣旅館，大雪閉塞的冬日也因為有了花火祭典而變得熱鬧──不僅是藝術祭期間，平日也遊客不絕。

　　藝術讓外來者記起遺忘已久的東西，也給當地人帶來了巨大的經濟效益：2015 年的大地藝術祭期間，超過五十一萬人來到越後妻有，經濟收入超過五十億日元；2016 年的瀨戶內藝術祭期間，對整個香川縣內的經濟影響超過一百三十九億日元。這樣的數字令日本各地紛紛效仿，除了北川富朗又在長野縣和石川縣分別策劃了「北阿爾卑斯國際藝術祭」和「奧能登國際藝術祭」以外，

很多農村也開始邀請藝術大師作為顧問，策劃各自有特色的藝術祭，大大小小加起來已有幾十個。

戲劇：富山縣南礪市利賀村

富山縣南礪市的利賀村，一個沉寂在山間的小村莊，通往村裡的巴士每天只有兩班，沒有一間便利店和連鎖店，冬天覆滿大雪，幾乎完全與外界隔絕。

就是這樣一個自然條件惡劣的村莊，卻被稱為日本「戲劇的聖地」，全都得感謝一個人：戲劇大師鈴木志忠。鈴木志忠被譽為日本現代演劇第一人，從 1960 年代起就是日本戲劇界的頂端人物，也是全世界戲劇人注目的焦點，每年從海外來到日本，希望能跟他學習表演的學生不在少數。

從 1976 年開始，鈴木志忠便決定將這個人口僅有五百七十人的小山村作為自己今後的據點，開展戲劇活動。從那時開始，鈴木志忠和他的劇團「SCOT」每年夏天都要在利賀村舉辦大型的戲劇節，招攬來自世界各地頂尖演劇團體前來參加。他還策劃「利賀亞洲藝術祭」，從中國、韓國、印度、馬來西亞各國邀請傳統舞蹈和現代劇演出團體。

利賀村如今是一個戲劇的村莊，傳統的茅草合掌造被改造成演劇公坊，野外劇場更是和自然融為一體，演出過程中還有盛大的花火大會。在主要的演出場地，村民搭起屋台販賣利賀村的當地美食，提供地產地銷的牛肉和蔬菜料理，地酒製造商也加入進來。這幾年來，利賀村又開始考慮打造住宿設施，嘗試藝術節期

川上村《村民憲章》

我們的家鄉川上村，位於清澈千曲川源頭的大自然中。是優秀的祖先們用智慧和不懈的努力孕育出的村子。我們對這片美麗的土地充滿無限的愛和自豪，為了造就更加宜居更充滿希望的家鄉而制定這一憲章。

一　熱愛自然，建造美麗宜居的家鄉。
二　尊重勞動，建造健康且充滿希望的家鄉。
三　振興產業，建造充滿活力的家鄉。
四　感恩先輩，建造富有創造性和文化的家鄉。
五　注重交流，建造心靈豐富、平和安寧的家鄉。

昭和六十三年（一九八八年）十二月二十日

川上村

川上村 野菜王國的《村民憲章》

川上村的村民比很多東京小白領掙得更多，從十幾年前開始，他們的平均年收入就高達二千萬日元（約合人民幣一百一十萬元），高居日本農業收入首位。今年夏天，川上村栽種的生菜，占據全國產量的80%。

這個位於長野縣南佐久郡的小村落，見證了日本人飲食結構西化的一個側面。1951 年，駐日美軍產生大量生菜需求，彼時空運手段不發達，只能在日本尋求生菜種植地。和其他蔬菜不同，生菜只適合生長在 28 度以下的涼爽之地，唯一符合夏季種植條件的村落，只有川上村。「朝鮮戰爭結束後，日本戰後復興正式開始，日本人的飲食生活也開始引進西洋式料理，生菜需求迅猛新增。」

間在公園內設置了三十座帳篷，住一晚只要一千日元，天天滿室。

2016 年，恰逢 SCOT 創立五十周年，也是鈴木志忠隱居利賀村的四十周年，這一年的戲劇節比以往更加聲勢浩大，除了海外劇團以外，利賀藝術公園內的七個劇場設施裡演出了他全部六部代表作。這一年的戲劇節持續了十二天，吸引了上萬人參加——來訪者是當地人口的 20 倍。

圖書館：佐賀縣武雄市

如果在谷歌裡輸入「武雄」，排在第一位的關聯詞一定是「圖書館」。2013 年，這個原本名不見經傳的九州小城，僅僅憑藉著一間翻新的公共圖書館，就成了全日本的焦點。

武雄市圖書館的歷史悠久，最早可以追溯到 1916 年，已有百年時光。2013 年圖書館因為老舊面臨翻新之際，當地政府找到了營運蔦屋書店的母公司 CCC，委託它們進行全面改裝。大名鼎鼎的蔦屋原本只把書店開在城市裡，在一個人口僅有五萬人的小城裡打造一間公共圖書館，這也是頭一回。

後來人們再走進武雄圖書館，看到的是明亮溫暖的木造空間，延伸至天井的巨大書架，二十萬冊藏書並不採用圖書館慣例的索引方式，而完全是書店式的分類。閱覽室裡瀰漫著咖啡的香味，輕音樂演奏飄浮在空氣中，亦不乏各種文具精品的專賣區域，全然不是從前的公共圖書館留給人們的印象，彷彿是把銀座中心的流行文化場所搬到了此處。改裝完成後的三年，CCC 繼續擔任了武雄圖書館的管理者，它們又導入了全新的營運手法：不只限於市民，只要是日本國民都可以借書；延長開館時間，營業至夜間；

廢除休館日，全年無休。

開館三個月後，武雄圖書館的來館人數達到二十六萬，第一年度市內外來訪者共計九十二萬三千零三十六人，實現了 361％的增長，對武雄市的經濟的影響超過二十億日元。此後每年有超過一百萬人來訪，2017 年武雄市圖書館又進行了升級，在隔壁開業了一間專門的「兒童圖書館」。

如今人們提起武雄總是說：那裡有一間未來圖書館。愛知縣的小牧市、神奈川縣海老名市、宮城縣多賀市、岡山縣高粱市、山口縣周南市、宮崎縣延岡市也都找到了 CCC，也想和蔦屋書店合作設開自己的公共圖書館。這些地方的人們都相信：擁有一間好的圖書館的城鎮，就能永遠留存下來。

電影：石川縣奧能登鹽田村

奧能登珠洲市的鹽田村，日本僅有的殘留著「揚浜式製鹽」的地方，從五百年前開始這種製鹽方法並繼承至今，是日本重要的無形文化遺產。同時，能登自古就是釀造日本酒的酒造聚集地，當地的吟釀職人被稱為「能登杜氏」，是日本「四大杜氏」之一。

即便擁有豐富的資源，由於地理位置偏僻，奧能登的旅遊業一直不發達。為了讓更多人瞭解這片土地的魅力，電影導演石井かほり在 2013 年拍攝了一部講述珠洲鹽田生產過程的紀錄片：《一小撮的鹽》。電影上映後就在海外電影節拿下了攝影獎，當地人於是又和石井かほり聯手策劃了一個「鹽田體驗觀光團」，將電影業延伸至觀光業，帶領人們尋訪影片中實際登場的場景，和海邊的製鹽職人進行近距離的接觸。

原本只是一試，不料這項觀光活動比意想中更受好評，石井かほり也越發體會到能登地區的魅力，開始考慮將電影拍攝與地域振興更進一步結合起來。2015 年，她又推出了一部介紹當地酒藏的新片：《一杯酒的譜系》。這部講述日本酒製造業和農漁業之間的關係的影片，花了更多重心拍攝當地人和自然共生的生活狀態。電影於 2015 年春天順利在金澤首映，隨後在東京和全國巡迴公映，一時間成為關心日本文化和日本酒的觀眾之間熱議的話題。

這部電影完全是觀光一體化的策劃。當地配套推出能登名所和酒藏巡遊團，為期兩天時間的行程裡，包含了參觀酒藏、美術館和博物館、梯田絕景、製鹽現場的項目，還有秋季祭典的現場見學，將傳統文化和自然風情連成了一線。

石井かほり如今的身分已經不只是一個導演，她還是一個地域再生策劃人。她將能登的日本酒職人邀請到東京，在銀座舉行試飲活動，也提供能登食材製作的料理，趁機向都市人募集「酒友」：一起去能登感受日本酒的魅力吧！

美食土產：島根縣隱岐郡海士町

在茫茫的日本海上，距離本土超過 60 公里的隱岐諸島之中，有一個小島名叫海士町。最近十年來，超過五百位外來者移住到這個原本只有二千四百人的小島上，年輕人的湧入，令海士町成為日本農村羨慕的樣本，也改變了一個「什麼都沒有」的地方，如今町內隨處可見它的宣言：「沒有沒有的東西。」這句話裡包含了海士町的兩個理念：沒有必要的東西，沒有也沒關係；重要

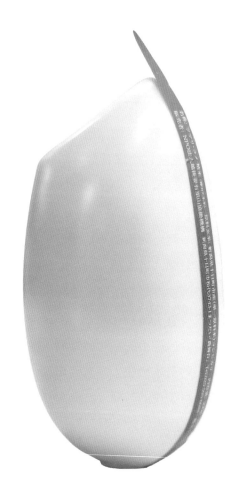

在越後妻有誕生的商品：妻有·米。米形的盒子可以裝二兩越光米，由松代的瀧澤生產公會設計。（實物提供 / 封新城）

的東西，這裡全都有。

　　和所有的日本農村一樣，十年前的海士町的狀況很不妙：人口急遽減少、少子高齡化嚴重、財政困難……這是一個交通工具只能靠船的離島，生活不像城市那樣便利，資源也絕對算不上豐富。但是當地人做到了一件事：最大限度地活用島上的資源。

　　海士町徵集居民意見，製作了一份未來計畫書，主要是「島的幸福書」和「建造海士町的二十四個提案」兩個部分。其中重要的一環是觀光協會突襲推行的「島旅」，由「島食」、「島宿」和「島活」三個環節構成，尤其強調「島食」：全力開發海產品，把「島上沒有的」全部變成「島上才有的」——例如島上沒有豬肉，使用海螺製作咖哩飯是當地人家的做法，於是就加上當季蔬菜和二十一種香辛料製成速食包裝的海螺肉咖哩——對於島外的人來說，卻是有新鮮感的味道。例如復活了島上的製鹽技術，打造成「海士乃鹽」賣往全國各地，如今已成系列品牌。島上經營的民宿裡，一大賣點便是用旬物食材製作的料理，蔬菜就從民宿門前的菜地裡採摘，主菜則是周邊海港打撈上來的魚類。

　　隨著移住者的到來，過去十年中有超過十家企業在海士町創業。2004 年成立的「隱岐潮風農場」，專門飼養島生和島育的黑毛和牛，年間產出一千二百匹，占據日本和牛市場 4A 等級牛的1 成，是安全高品質的「隱岐牛」的代表。隨後成立的「故鄉海士」，投入五億日元引進最新的冷凍技術系統，將島上的海產物製成美食特產發往全國各地，例如白魷魚和岩牡蠣組成的「島風便」，讓島上的餐桌能在城市裡再現，每年創造超過二億日元的盈利。

　　島上還推出農業體驗和鄉土料理製作體驗的旅行團，吸引都

市人前來觀光。又有一個名為「海士的島食」的計畫，目的是育成島上一流的料理人，發展日本傳統的食文化，這個計畫邀請和食料理家齋藤章雄前來擔任老師，意在將島上全體發展為料理學校。

海士町已經不僅僅只在離島上了，它在日本無處不在。2009年，海士町在東京神樂坂開業了一家離島食堂，食材新鮮直送，讓人們在都市也能吃到地道的島料理。他們又考慮著要在東京建立一個「島的大使館」，主要舉辦圍繞著海士町的食材開展的料理活動。

工藝：富山縣高岡市

日本工藝各地都有代表，公認的「造物的聖地」只有富山縣高岡市這一個。

臨海小城高岡市，當地人聊起歷史來津津樂道：1609年加賀前田家二代目的城主修築高岡城，使得城下町繁榮發展。1611年這裡已是日本發達的工藝都市，歸功於為了振興產業，城主用優厚條件招攬了七名天才鑄物師，高岡成為一條「鑄物街」，同時漆器工藝也傳入進來，扎下傳統產業的根基。到了江戶中期，高岡城是全國屈指可數的鑄物產地，明治中期以後更加以工藝美術而聞名日本。

擁有四百年造物歷史的高岡小城，至今仍以銅器和漆器為中心。傳統工藝技術的繼承在日本從來是個難題，但高岡市的技術革新做得很好，可以說這裡擁有全日本最年輕的職人DNA。

高岡市是怎麼做的呢？它們成立了一個傳統產業青年會。這

個協會全部由 40 歲以下的年輕職人構成，他們不僅僅是繼承家業，同時對產品進行革新和策劃各種有意思的活動，令年輕人意識到傳統工藝也可以變成文化創意產業來做。例如一位名叫國本耕太郎的年輕人，是擁有一百年歷史的老鋪漆器店的四代目，他先作為自行車的機械師工作了十年，直到 30 歲才決定繼承家業。國本如今是高岡傳統產業青年會的主要成員，他將自家傳統的高岡漆器賦予現代的價值觀，製作成 iPhone 手機殼販賣，定價高達一萬日元，卻賣得很好，後來開發的漆器裝飾品和現代生活用品也都很受都市年輕人歡迎；他也參與策劃高岡市傳統工藝品大會，或是和工匠、藝術系的學生一起在市中心改造空家，作為民宿，以低廉價格出租給遊客。

高岡市如今是一條以年輕職人為主導的充滿活力的文創街道，他們舉辦展覽，拍攝電影，推出了各種旅行策劃，主辦「高岡工藝觀光團」——由這些年輕的職人親自擔任導遊，帶領觀光客進入高岡傳統工藝職人的工作現場，在各個工坊巡迴進行參觀和見學。2011 年，高岡傳統產業青年會又推出了「高岡工藝市場街」，每年 10 月為期五天，街市裡舉辦各種當地工藝活動、手工體驗活動，近年來又增加了料理美食活動。高岡市的寶物，是日本未來的職人氣質。

雜誌：岩手縣花卷市

2013 年 3 月，競選議員落馬的高橋博之集結了一群有志青年，設立了 NPO 法人「東北開塾」，同年 7 月，一本名叫《東北美食通信》的雜誌創刊。它並不像人們猜測的那樣是一本餐廳

2009 年，京都大學高材生多田朋孔辭掉了在東京的工作，帶著家後和兒子移居到新潟縣十日町市池谷村落。現在，他不僅得到了自己想要的生活，也終於成長為一個合格的新農民：每年產米 1400 公斤，大部分不使用任何化肥和農藥，全靠一己之力。（攝影／禰燦雄）

指南，而是以農業漁業的生產者為主角，旨在將東北地域的食文化向全國各地擴散。

這本雜誌是一種介於媒體和銷售之間的中間態。每期以生產者和食材為中心製作特集，隨同食材一起出售。理念是生產者和消費者直接契約的地域支持型農業，消費者繳納會費，生產者提供農產物。具體流程是：讀者繳納會費成為會員後，便可以在每個月中旬指定食材的送貨日，下月即可收到食材和雜誌，到了月末和次月上旬可以對食材進行再次下單。在這個過程中，Facebook 上還開設了一個限定讀者參與的交流群，消費者可以和生產者直接進行對話。

《東北美食通信》每月徹底地深入現場對東北地區的生產者和產地情報進行取材，將「食材物語」和農水產物一起送到讀者手中。據高橋博之所說：現代消費者吃的並不僅僅是食材本身，而是圍繞著這種食材的各種故事，這本雜誌做的是將生產者和消費者的關係朋友化，改變他們之間的斷層現狀，讓他們長期地聯繫在一起。

翻開這本雜誌，對農山漁村的生活、歷史、文化和生產者的生活方式進行著詳細的介紹，令人覺得食材就是發生在自己身邊的事。又有一個區塊專門介紹當季食材的調理方法和食育的意義，能自己親手學會最正宗的鄉土料理烹飪方法。正是這本雜誌的理念：地域創生，不是由地方的人改變地域，而是通過都市和地方的交流從而改變雙方。據說在編輯部不知道的時候，已經有針對生產地的觀光旅行團登場了。

從東北開始，日本陸續又有三十七本《XX 美食通信》創刊，

高橋還未止步，他的目標是全國一百個地域。

自然教育：北海道富良野

　　四十年前除了森林還是森林的富良野，如今是以薰衣草聞名世界的北海道著名觀光地之一。2018 年已經 83 歲的日本國民導演倉本聰，則是富良野最有名的人，也是北海道最著名的移居者之一。

　　倉本聰從東京搬到富良野就是四十年前的事情，他憑一己之力在森林裡修建起小屋，自己發電取水，過著一種完全置身於自然的生活。同時他也專注於這片土地上的電視劇和舞台劇創作，憑藉一部紅遍日本的《來自北國》和此後陸續完成的「富良野三部曲」，影響了富良野從荒蕪之地變成觀光勝地。

　　在美瑛一家名叫「皆空窯」的陶器工坊裡，親手做一個《溫柔時刻》中的咖啡杯，九十分鐘收費九千日元──在這部 2005年播出的電視劇裡，二宮和也飾演的男主角就在這裡進行陶藝修行，如今工坊裡堆滿了他在劇中製作的同款杯子，網上訂單絡繹不絕，早已是人氣商品。《溫柔時刻》裡「森之時計」咖啡館和《風之花園》的小酒吧，原本只是搭建來作為拍劇場地，十多年後依然對外營業著，朝聖者絡繹不絕──酒單首頁隆重推薦倉本聰的原創作品：一款用傑克‧丹尼調製的雞尾酒，取名為 RustyPen，生鏽的筆。調酒師經常向人解釋酒吧名字的來源：「Soh'sBAR，聰的酒吧。」

　　1984 年，倉本聰自費成立了培養年輕演員和劇作家的「富良野塾」，那些以他為指針的年輕人，紛紛聚集到北海道開始時長

兩年的共同生活，理論課安排在晚上，白天則要去農家勞作掙生活費——直至 2010 年春天，倉本聰因為體力衰退不得不關閉這間私塾時，已經有二十五期共計三百八十名學生從這裡畢業。

10 年前，倉本聰又成立了 NPO 組織「富良野自然塾」，致力於將一家大型酒店內廢棄的高爾夫球場還原為森林，稱之為「自然返還事業」，又在這裡開始環境教育活動：以「地球」和「五感」為關鍵字，設計了各種環境體驗項目。

沒有比北海道的豐裕的自然更適合進行環境教育的地方了，但富良野自然塾的方法有些不同，不只是隨意在森林裡走走，也不需要嚴肅地圍坐在一起上課，而是一種倉本聰式的舞台劇風格：負責講解的工作人員是表演式的，參與者能夠體驗到的也是舞台劇式的。人們來到這裡，都會參觀倉本聰設計的將地球四十六億年歷史轉化為 460 米長度的「地球之道」，也會在工作人員指導下用手帕蒙住眼睛，赤裸雙腳在森林裡走一遭。

倉本聰親自設計的「地球之路」，這段僅有 460 米的道路上融合了地球四十六億年的歷史。漫步於其中，每走 100 米就是一億年，每向前一步就是一千年，倉本聰希望人們通過自己步行的時間和距離，切身感受到地球從起源到今天為止的種種變化。

從 2006 年富良野自然塾開始植樹活動以來，已經有 36408 位外來者造訪這裡，種下了 57549 棵樹。砍樹簡單，還原很難。真正還原一座森林，是需要持續一百至一百五十年的工作。富良野自然塾就是這樣，是在北海道重生的森林中上了一堂生動的自然課。

有什麼地方能將 2000 平方公里內的土特產一網打盡？答案是飛驒物產館。這間位於日本岐阜縣高山市的土特產店，長年陳列著超過七千種以上商品，是工作人員花了近四十年時間，精心搜羅飛驒各地土特產綜合而成。而經營著這間物產館的，不是任何當地政府機構，而是當地開業於 1973 年的「高山綠色飯店」（高山グリーンホテル）。（攝影／禤燦雄）

古民家再生：德島縣祖谷落合集落

　　日本進行地域活化的流行做法之一，是把大量空屋改造成民宿設施，使之得以再生。這其中做得最有特色的是「桃園鄉祖谷的山裡」：在德島縣西部，被稱為「日本三大祕境」之一的祖谷集落，六棟散落在山間傳統茅草屋進行翻修之後，變成高級的住宿設施。這些茅草屋是日本最傳統的居住形態，延續了三四百年的家屋，連地爐等生活用具都保存完好，但住宿條件是絕對現代的，加入了最新的生活設備，冬暖夏涼，保證宿客能夠以最舒適的狀態享受原始的生活與風景。

　　意外的是，幾十年前發現祖谷集落並且對它加以改造的是一個美國人：先後在耶魯大學主修日本學，後留學於慶應大學，又在牛津大學進行中國學研究的東洋文化研究學者亞歷克斯·亞瑟·克爾。1970 年，在德島旅行的亞歷克斯偶然闖入祖谷，被未經開發的自然風情所吸引，購買下當地一間超過三百年歷史的茅草房。以此為契機，亞歷克斯先後又在周邊買下九棟古茅草屋，成立了公司，開始進行民宿改造計畫。如今，祖谷成了德島縣內最受外國人歡迎的旅行地，亞歷克斯被也被稱為「日本古民家再生第一人」，在各地都進行著和祖谷類似的計畫：香川縣宇多津町的「古街的家」和福井縣坂井市的「詰所三國」已經對外接客，最近又在京都府龜岡市進行著最新的策劃。

　　住在古民家是日本現在宣導的一種旅行形態，是一場日本的原風景的再發現之旅，同時也改變了農村人口過疏的狀況，增加了當地居民的雇傭，使得地域經濟自立，移住者增加。

　　對日本古民家改造進行營運指導的亞歷克斯，並不希望外來

者只是來住一住而已，因此還要兼具各種生活體驗策劃和特產品開發。必須讓當地人最大限度加入其中，一些負責打掃民宿，一些負責製作鄉土料理，一些負責提供體驗型項目：和遊客一起製作蕎麥麵，教遊客動手打造本地特色工藝品，都是受歡迎的。最近，亞歷克斯又開始在祖谷實踐土特產的開發：當地的番茶、岩豆腐和蕎麥麵，已經發往日本各地。

IT：德島縣神山町

人口只有六千三百人的德島縣神山町，走的是和其他地方最不同的一條地域振興之路：因為眾多 IT 企業在這裡設立分部而備受注目。春季的菜花，秋季的稻田，神山町因為美麗的自然風景而吸引移住者，但不同於移住之後再尋覓工作機會的常規，首都圈的人都是帶著工作來到這裡的，他們借助遠端辦公的方式，從事著和在都市裡一樣的工作，工作結束後過的卻是自己種米種菜的農民生活，形成了一種新的生活方式，人稱「神山STYLE」。

吸引 IT 企業進入德島山間的一個關鍵因素，是縣內全境都有光纖覆蓋這項便利條件，即便是在山間也能高速上網。幾年前一個數據稱：德島縣內的光纖總長達到 20 萬千米，是地球的五周之長，縣民人均擁有光纖長度位居全國第一。

從 2010 年 Sansan 株式會社（主要業務是為企業用戶量身打造的名片管理系統）被邀請在神山町開設分部，現在已有十家 IT 企業進駐於此，產生了新的雇傭現象。Sansan 株式會社已有四分

之三的員工來到了神山町，另外一間本部在東京惠比壽的動畫編輯公司，一百名從業人員中就有二十人搬到了神山町，將一幢7室一廳的古民家改裝為辦公室，為了讓社員能夠在自己喜歡的環境裡工作，選擇辦公地點採取志願制度，待遇和在東京一模一樣，工作內容也一模一樣，最大的不同是：在神山町，通勤時間只要十秒。

　　IT 業的進駐帶動了服務業，現在移住者也開始在神山町經營餐廳和民宿，以地產地銷和自然栽培為賣點的地域農業產品店開業，原本打算在東京開店的麵包職人最終搬到了神山町做麵包，還有一對從荷蘭來的藝術家夫婦，如今在這裡製作手工啤酒呢。

《新周刊》對日本鄉村的關注也被日本媒體報導了。（攝影／丁小貓）

美國藝術家大衛 · 霍克爾1997
年作品《這條路橫穿荒野》。這
幅畫將美國鄉村的壯闊明麗、色
彩分明表現得淋漓盡致，彷彿有
鄉村音樂在路上流淌，有傳奇故
事在路上展開。

區念中、楊和平夫婦。（供圖 / 區念中）

區念中
在鳳羽，我看見了歐洲鄉村的影子

採訪 / 趙淥汀　攝影 / 楊和平

　　我說過，封新城讓我想起英國作家彼得·梅爾。

　　彼得·梅爾曾經在紐約和倫敦過著朝九晚五廣告文案撰寫的緊張生活，1987 年他毅然告別都市，移居到法國南部普羅旺斯的鄉村，之後寫下了《山居歲月》、《永遠的普羅旺斯》和《重返普羅旺斯》等一系列反映鄉村生活的書。因為他的書，普羅旺斯在世界範圍爆紅，包括中國。可以這麼說，他是普羅旺斯走向世界的「幕後推手」。

　　我想，封新城或許也是如此，他希望推動的，是一個和鳳羽有關的「鄉村夢」。

精英回歸土地

　　我和封新城是曾經的老同事。他剛離開《新周刊》執行總編的工作，聽說他要去鄉村生活時，我覺得他可能只是想找個地方「隱居」一下，換個環境，改變一下生活方式和節奏，畢竟你在

大都市待了那麼久嘛。

過一了段時間，他給我寄來了一本月曆，上面有他現在「隱居」的地方，佛堂村退步堂。我心想，有意思啊，又是「佛堂」，又是「退步」。直到 2016 年 7 月，他讓我有時間去大理他待的地方看看，我說好啊，於是我就和太太啟程去了鳳羽。嘿，佛堂還真是一個白族村子的名字，「退步堂」卻是老果園改造的一組別致的庭園。那幾天，他還帶我去附近山裡的星空谷、大澗村，還騎著他的大輪子單車，到鳳羽古鎮轉了一圈。

大山裡的大澗村，白族話叫禱告村，是一條已經廢棄的白族古村落，有六十多棟已成廢墟的老房子。只有三個老人家死活不走，還在那裡住著。我好幾次去過義大利托斯卡尼考察過那裡的小鎮和村子，一看大澗村，呵，那些古老的石頭老屋，這不是托斯卡尼嗎？

封新城有點得意，說，誰也不要的這個破村子，我要下來了。每個房子都有自己的故事。我要在這裡，保持村子現在的原貌和生態，做個「鄉愁公園」。你面前的這個破房子，今後可能就是一個現代的咖啡館。

我說，你這是「退步」嗎？你在這裡每走的一步，都不是「小工程」啊。

怎麼講呢？我之所以贊同和認可他在鳳羽做的事，一方面是挺對我胃口的，這十幾年來，我和太太一直在歐美鄉村旅行，特別是歐洲。我有點怕了大都市了。再一個呢，是因為看到了他對農村和田園的那份感情和想像力。

我去過粵東粵北的一些農村。有一年粵北的連州國際攝影年

展，那邊地方領導邀請我去看當地的溶洞，岩洞沒什麼看頭，無意經過很多村子，我執意進村，嚇我一跳，多好的古村落啊，老房子，老巷子，石板老街，有些村子連城牆都是完整的，東門西門南門北門，太棒了。但你會發現，越往村的深處走，你的失落感越強，房子年久失修，坍塌，雜草叢生。青壯年都到外面打工去了，村裡只留下老人和留守兒童。當地的一位文史專家說，上次來，還看到祠堂門口的那個朝代的石獅子，雕花的門窗，這次來，沒了，被人偷走了。大凡在外面掙了幾個錢的，都在村子外面建房子，一個個方盒子，亂作一團，不成系統。我懷疑，難道城市化進程，必然以犧牲鄉村為代價嗎？

我又想起了經常去拍攝的粵東梅州客家山區裡的村落，發現深山裡竟然藏著許多像橋溪村、茶山村這樣完整的古村落，裡面有許多完整的大宅子。從村落結構到建築設計，都是鄉村規劃和中國傳統建築的完美之作啊。大宅門口的對聯，詩風盎然。「耕讀傳家」，幾乎每個村子都有書屋和家塾。但也無一例外，都呈落敗之勢，空空的大宅裡，也是只有老人和孩子。

問題是，大凡離開鄉村進入城市的人，因為鄉村的現狀，生活的條件，一般都不會回到鄉村裡了。特別是有了一官半職的，誰回來呀？這就帶來一個問題，誰來維護，誰來建設，誰來維繫鄉村這個系統？

我覺得這可能不是個例，推而廣之，恐怕全國的農村都面對這個問題。

所以我想到了「精英回歸」的這個概念。我們回顧一下歷史，那些從村子裡出去，無論是官員、知識分子，或者商界人士，這

裡可以稱他們為「精英」。他們有一定的人生歷練、取得若干成就，到一定的年紀後，眷戀自己出生的土地，再重新返鄉和回歸，對鄉村的維持和重生起到了極為關鍵的作用。

我覺得封新城正是這一類人中的一個，他就是這個時代的「精英」，他希望用現代的理念，利用自己對土地和鄉村的認識，利用自己多年從事傳媒工作的資源，嘗試著從根本上喚醒這片土地和村落的重生。

精英如何讓鄉村重生

我去歐洲進行過很多次鄉村考察，所以我對歐洲在鄉建方面的經驗有一點瞭解。去法國南部旅行，我在當地買了一本英文版的書《South of France》（法國南部），主要介紹普羅旺斯和蔚藍海岸的旅行。留意到上面寫過這樣的一句話：如果你想去法國南部旅行，那這三個人物你是必須要知道的，一是彼得 · 梅爾，二是皮爾 · 卡丹，三是伊夫。

沒想到我和太太先後都和這三個人不期而遇了。為什麼這樣說呢？我先講一段我曾經的經歷。

大約十年前，感覺整個社會都陷於焦慮之中，所以我在電視台策劃了一部名叫《尋找幸福》的系列紀錄片，希望去國外一些特定地區，尋訪一些普通人，提煉出每個人心中對於幸福的答案，看能不能對我們的幸福觀有所啟迪。於是我和導演來到了南法（法國南部）。

去之前，我其實是反覆讀過彼得 · 梅爾的《普羅旺斯的一年》這本書的，所以我跟導演說，我們就去彼得 · 梅爾住過的梅納

彼得 · 梅爾在梅納村買下這幢兩百年的石頭農舍，在裡面寫出了《山居歲月》和《普羅旺斯的一年》等
關於法國南部生活方式等書。

伊夫（Yves Rousset-Rouard）原來是法國電影界資深導演和
製片人，50 來歲時告別影壇，回鄉村經營葡萄園，後競選成
為梅納村村長。

老皮爾 · 卡丹隱居在普羅旺斯的拉科斯特村，偶爾才去一
次巴黎。據說他最大的興趣，是收購村子裡的房產和購置當
代藝術品。他名下有餐館、糕點店、書店、城堡和其他房子。

村吧。一到那個村莊，我們就被村裡的一個古堡吸引住了。當時一個男人正好在城堡前澆花，他攔住我們說，城堡是私人物業，你們不能參觀的，順著這條路下山就可以了。沒想他多問了我們一句，「你們來自哪裡？」

我們告訴了他，「我們從中國來，做電視的。」

沒想到這個男子一聽，來勁了，「巧了，我也是做電視的！要不要進我城堡裡喝上一杯？」

這可正中我們下懷。他提醒，請不要在古堡裡拍照片啊。於是我們跟著他穿過陰暗的古堡，來到後面開闊的花園，在一個泳池邊的椅子上坐下。他轉身拿出一瓶白葡萄酒，我們邊喝邊聊天。這時我們才發現，他其實是法國電影界的名人，法國電影製片人協會的主席，拍過無數電影，法國有部很有名電影《艾曼紐》，開一代法國情色電影新風。這哥們是馬賽人，但他50歲揮手告別影壇，拍的最後一部電影叫《晚餐》。看上了南部的天氣和葡萄園，就在梅納村買了個葡萄園，自己做葡萄酒了。

過了幾年悠閒生活，這個不甘寂寞的電影人參加競選，55歲的時候當上了梅納村的村長，一幹就是近二十年，帶來了梅納村快速發展的時期。

比如說吧，村裡一個有名的大宅子。它是朵拉‧瑪爾的宅子。這誰啊？熟悉攝影的朋友可能會知道，她是法國當代攝影史上重要的女攝影師，但她更知名的一個角色，是畢卡索的情婦。

畢卡索和她離開巴黎後，就在村裡買了這幢房子，畢卡索沒待多久，又離開找別的情婦去了,朵拉‧瑪爾就在這裡獨居，直

到 1974 年去世。後來，村裡有個美國女人買下了這個宅院。這時，南法第三重要的人物就出現了，村長伊夫竭力勸說這個新的女主人，把大宅改成一個藝術家中心，邀請全世界的作家詩人藝術家來這裡駐點創作。中心負責提供這些名流的日常開銷，為的是讓他們來到村裡搞創作，讓村子激發他們更多的靈感。中心交由休士頓博物館來管理。這就叫策劃，不是嗎？

後來，他修路，修葺有歷史價值的老房子，興建圖書館，讓梅納村既保持原來鄉村的面貌，又有了很多新的內涵。包括制定了發展旅遊業的一攬子計畫等等。

伊夫還帶我們去看彼得・梅爾的房子。其實這房子不在村子裡頭，是在村外不遠山邊一棟獨立的農舍。梅爾先生在的時候，伊夫還代表過法國政府給梅爾先生頒發「文化騎士」勳章呢。不過他說，梅爾先生現在已經搬到別的村子去了，現在的主人是個銀行家。

我把我們來南法拍紀錄片《尋找幸福》的想法告訴他。問他，能不能給推薦一些當地的普通人，作為我們的拍攝對象？

他說，這個片子太有意思了。問，老皮爾・卡丹就在我旁邊的那個村子，你們拍不拍？我們一驚，問，你說哪個皮爾・卡丹？他反問，還有哪個皮爾・卡丹？

我們自然是喜出望外，這便是彼得・梅爾和皮爾・卡丹能夠成為普羅旺斯地區的象徵的重要原因：他們在大都市裡都有成功的輝煌，而如今都在鄉村裡住著，並通過自身的影響力，帶動了這個村莊的發展。像皮爾・卡丹，每年夏天，都在他的村子裡組

織音樂節和當代藝術節。老人身穿一件有點皺巴的花格子外衣，你在村口那間咖啡館裡，常常會見到這個時尚界的巨人。

離這兒不遠的盧爾馬蘭村，是法國著名作家加繆生活和安息之地。法國前國家重建和城市規劃部長、政治家和社會改革家拉烏爾當年退休後，也曾經擔任這個村子的村長。

2017 年秋天，我和太太還專門去梅納村看望過伊夫。電話裡，他有點驚奇，忙說，太好了，12 點，我們先在餐館見面，共進午餐，然後，我帶你看我新建的「藥用植物園」，這可是個新項目啊。他說，我現在不當村長了，專心做這個。

後來，每當我想到這個老哥時，總會不由自主地想到封新城，我覺得他們的夢想，其實是驚人地相似。

精英回歸鄉土，這或許就是現代鄉村建設必需的一個過程和重要的元素。

讓土地有尊嚴，農民有尊嚴

梅納村把攝影家朵拉・瑪爾的大宅改造成了全世界藝術家們都可以申請駐會的藝術工坊，以吸引全世界的目光，這點確實值得我們借鑒。

所以當封新城提出藝術谷、美術館和慢生活學院這些概念時，我覺得他的出發點，和法國農村的先行理念是非常契合的。中國農村的重生之路，我們祖輩留下的寶藏，其實是有待發掘，並值得喚起人們對土地和村落的關注。讓這些不同的元素能發生互動，能產生化學反應，這樣的話農村才有出路，才有未來。光靠搞房

梅納村山下的葡萄園和田野。

11 世紀的拉科斯特城堡，原為法國貴族薩德侯爵所有，部分已成廢墟，皮爾・卡丹買下後，每年在這裡舉辦藝術節，邀請世界有名的音樂家和戲劇家來表演。

地產和蓋房子，鄉村終將一無所獲，將村子變成樓盤，鄉村和農民將永無尊嚴。

我和封新城一起去過一次日本，我們知道了大分縣鄉村大山町「一村一品」運動的背景和理念。我覺得這是很有參考價值的理念，也就是說，每個村都能形成一種獨具特色的產品和產業，並將它做到極致，形成屬於自己的拳頭產品，達到全國以至國際水準。當地的梅子系列產品，特別是梅子酒，在國際上都獲得獎項。不少城裡人遠道而來，就是為了買幾瓶梅子酒回家。

大山町農協的人告訴我們，過去，這裡的農民以種水稻為主，日子過得比較拮据。經過「一村一品」多年的努力，現在這裡的農民富裕多了，他們上午工作，下午就開車去福岡看電影、購物。農協還協助他們到世界各地旅行，開闊眼界，瞭解世界市場。離開農村的青年人，不少又回到鄉村裡工作。

怎樣讓農村有尊嚴？讓土地有尊嚴？你得重新喚起土地的活力，讓農民在自己的土地上建立自己的新生活。

我記得我去過法國一個小村子，這個村是個自然村，離巴黎大概一小時的車程。村子裡只有一個公車站，連個商店和餐館都沒有。白天，公車來一下，走了，村子一片寂靜。

可怪了，這裡離巴黎這麼近，當地一個 80 多歲的老農，一輩子只去過一次巴黎，而且是因為他要去南部的里昂看親戚，必須從巴黎轉火車。他說我為什麼要去巴黎？因為村子周圍就有他需要的一切東西。也是在這個村，我碰見了一個農民，看上去有 40 來歲吧，他一個人擁有 180 公頃的土地！農場就他一個人，停

著四部拖拉機，一切體力腦力工作，他一個人都可以在拖拉機上完成。我太太為了拍攝他，曾經跟在拖拉機上觀察他耕地、播種，裡面電腦、通信設施一應俱全。哪裡都不用去，他連銷售都在這裡完成。

在農場，見到他的兒子，還在大學裡學農業管理，穿著髒兮兮的工作服，雨靴上沾滿了泥漿。問畢業後回來接父親的班？孩子靦腆笑了笑，沒有回答。到他家喝咖啡，說是百多年的老房子，進去，哈，好傢伙，完全的現代化設施，乾淨整潔，布置得還挺雅致的。

可你別看，這村子不大，卻藏龍臥虎。那時是冬天，門窗緊閉的一棟棟老屋裡，散落著作家、小說家、導演和遊戲設計師。真是廟小乾坤大啊。

早上推開門窗，大地從未離我們而去。我覺得這就是喚起了鄉村的一種重生，土地有尊嚴，鄉村有尊嚴，才能有農民的尊嚴。

我也開始漸漸理解，我們所說的城鄉差別，其實不僅僅指居住場所的差異、賺錢多少的差異，城鄉差別更主要指的是生活方式的差異；我們所說的工農差別，其實並不是工種的差別，而是從社會地位到社會收入的全方面的差別。

我相信封新城在鳳羽做的這些事是有價值的，他努力讓這裡的一切保持原來的生態，原來的面貌，但又發生內在質的變化。他不希望由房地產商把這裡變成另一個城裡人的樓盤。他身體力行地去山裡考察，到村裡閒逛，我覺得他是希望和鳳羽這個地方發生深刻互動和聯繫的。

我特別欣賞他的讓當地農民重拾尊嚴的理念，比如讓當地人和當地的農民成為未來企業的員工，在他們中間培養和選拔優秀分子成為管理人員，讓現代文明和當地的傳統習俗、文化、處事風格相結合等等。

他在鳳羽做的不是地產開發項目，我真的很希望他在大理鳳羽做的一件件事，他的嘗試和實驗，能在今後成為中國鄉村重建的一個特別的樣本。

農民理查一個人的農場。但他卻管理著 180 多公頃土地。他從來不認為巴黎是一個值得嚮往的地方，他在這片土地上，自己就是國王。

遠觀
中觀
近觀

《人，詩意地安居》，馬丁・海德格爾（德國）

「接近故鄉就是接近萬樂之源（接近極樂）。故鄉最玄奧、最美麗之處恰恰在於這種對本源的接近，絕非其他。所以，唯有在故鄉才可親近本源，這乃是命中註定的。正因為如此，那些被迫捨棄與本源的接近而離開故鄉的人，總是感到那麼惆悵悔恨。既然故鄉的本質在於她接近極樂，那麼還鄉又意味著什麼呢？還鄉就是返回與本源的親近。詩人的天職詩歌還鄉，還鄉是故土成為親近本源之處。」

《瓦爾登湖》，亨利・大衛・梭羅（美國）

「我到林中去，因為我希望謹慎地生活，只面對生活的基本事實，看看我是否學得到生活要教育我的東西，免得到了臨死的時候，才發現我根本就沒有生活過。我不希望度過非生活的生活，生活是這樣的可愛；我卻也不願意去修行過隱逸的生活，除非是萬不得已。我要生活得深深地把生命的精髓都吸到，要生活得穩穩當當，生活得斯巴達式的，以便根除一切非生活的東西，劃出一塊刈割的面積來，細細地刈割或修剪，把生活壓縮到一個角隅裡去，把它縮小到最低的條件中，如果它被證明是卑微的，那麼就把那真正的卑微全部認識到，並把它的卑微之處公布於世界；或者，如果它是崇高的，就用切身的經歷來體會它，在我下一次遠遊時，也可以做出一個真實的報導。」

《人各有異》，E・B・懷特（美國）

「要想做一個超國家主義者，先得是一個自然主義者，感受腳下的大地是完整的圓。忠實於自己的俱樂部要比忠實於自己的星球來得容易；俱樂部的章程更短，你與其他會員互有私交。而且，俱樂部，或者國家，可以給人最具誘惑力的應許：它應許了排他的權利。我們這些有血有肉的人，很少有誰能抵擋這種奇特的歡愉，這種滋潤身心的特權。大多數的麻煩，也發端於此。地球不提供此類誘惑。地球屬於每個人。它只提供青草、天空、水，還有對和平和最終果實的自然而然的美夢。」

類來自荒野、來自田間、來自鄉下

方創建了都市，也留下了鄉村

國在留得下青山綠水，記得住鄉愁的十字路口上

《夏日走過山間》，約翰・繆爾（美國）
「這山間廣闊無邊、寧靜無比的日子啊，讓人既想工作又想休息。這樣的光鮮下，時間萬物都顯得同樣神聖，為人開啟了上千扇窺見上帝的視窗。無論在多麼疲憊的狀態下，只要有山間一日的恩賜，在旅途中就不會累得暈倒；無論他的命運如何，長壽或短命、坎坷或平坦，他都永遠是富有的。」

《自然與人生》，德富蘆花（日本）
「失去了自己故鄉的人，總想重建一個故鄉。我的田園生活，在有的人看來是成功的，而有的人卻認為是墮落。是成功還是墮落，對這種簡單的評價我不屑一顧。對我而言，這六年的鄉間生活，我得到的一點收穫便是開始懂得了什麼叫執著於土地。」

《荒野之境》，羅伯特・麥克法倫（英國）
「如若荒野不在，我們將再也沒有機會把自己看作這個獨立的、分離的、直立的個體，不再是這個花土木石環境的一部分，不再是其他生靈的兄弟，不再屬於這個自然世界的能力。我們將甚至沒有片刻的反思或休憩，義無反顧地投入技術化的螻蟻生活，存在於一個徹底被人工控制的美麗新世界。」

《山之四季》，高村光太郎（日本）
「不同季節中植物的生產規律簡直嚴苛到了讓人害怕的地步，植物們總在爭取著每一天甚至每一刻，住在這山裡，親眼所見這四季的更替，我才真正體會到了一年三百六十五天的真意。」

《萬物解釋者》，蘭道爾・門羅（美國）

「這顆星球上有動物、樹木和藍天。你應該也住在這裡，因為離開這裡很難。」

《如果可以這樣做農民》，綠妖

「如果我們可以這樣做農民，如果我們可以這樣做自己，那麼，不管貧窮、衰老，不管腐敗、壓榨，生活仍然擁有自由、美好的可能，因為，你就是生活的創造者，你能動地參與到社會和文明的建構之中，這一點，足以讓生命充滿尊嚴和驕傲。而農民、植物、山川，不只是某一元素，它們是我們每一個人的內部，是生命的渴念之地：大地勞作、生長頹敗、四季運動、花開花落、星辰燦爛。」

《去山裡蓋座小屋吧》，中村好文（日本）

「我本來就對小屋式的建築有一種偏愛。比如高村光太郎在岩手縣太田村居住的小屋，亨利・大衛・梭羅在美國麻薩諸塞州瓦爾登湖畔過『森林生活』的復原版小木屋，建築師勒・柯布西耶位於法國南部的度假小屋，蕭伯納在自家庭院裡修建的書齋小屋……很久以來，只要一聽到吸引人的小屋故事，我就不遠千山萬水地跑去參觀。下決心建一座一個人住的小屋，除了需要浴室這個原因，毋寧說我心底潛藏著一個願望，希望自己也能在古往今來的『小屋譜』末尾占上一席。」

《來去鄉下過日子》，加藤大吾（日本）

「如果土地不是自己所有，失去土地的瞬間，也會失去大部分事物。只有自己的土地才可以讓我們慢慢地永續耕耘，才不會喪失主導性。」

《大理外傳》，萬哲生（英國）

「我來大理才意識到風水裡的背山面海概念有實在的道理，也發現最好的房產屬於亡人。不管外面的世界怎麼樣，這個避難所會提供肥沃的土地和無盡的水源，是第一次來就會給人安全感的地方。人類初次發現這個地方肯定有了同樣的印象才決定在此定居。」

《尋歸荒野》，程虹

「我們需要荒野，無論我們是否真正走進它。我們需要一個避難所，儘管我們永遠也不必去那裡。比如，或許在我的一生中，我都不會去阿拉斯加，但是我對它的存在心存感激。就像我們需要希望一樣，我們需要躲避的可能性；沒有荒野，城市的生活將會把所有的人都逼進犯罪、吸毒和瘋狂的深淵。」

《慢速生活》，溫蒂・帕金斯／傑弗瑞・克萊格（紐西蘭）

「慢速生活，不是從全球文化中逃離出來而進入一個僵化的過去，而是關於我們在現在和未來怎樣生活的論爭的一部分。慢速生活的理念代表了一種對地域和社區的過去的當代詮釋，以及對它們的傳統、原則和價值的推進，以便批判現實和為未來提供選擇。」

《斷捨離》，山下英子（日本）

「如果能夠認為一切物品都是向地球借來的，就能自然而然地湧出感謝與敬畏之情。一切有形的東西都是虛幻的，我們的心也是不斷變化的。盡情地享受與物品難能可貴的短暫相遇，這一定就是我們所追求的幸福本身。當緣盡了，就瀟灑地放手。不僅對物品，對一切的一切都能做到這樣，這就是斷捨離的願望。」

《論自然》，拉爾夫・瓦爾多・愛默生（美國）

「在自然界永恆的守靜中，人又發現了自我。如果一個人希望獨處，那麼就讓他去看天上的繁星。那來自天國的光線將會把他與庸俗之物分離。」

《半農半 X 的生活》，鹽見直紀（日本）

「現今社會面臨著種種問題，包括環境（各種污染、溫室效應）、食物（安全性、糧食自給率）、心靈（人生意義的喪失、物質享樂主義）、教育（科學、感性、生存力）、醫療設施與社會福利（社會文明病、高齡社會的看護），以及社會不安定性（經濟萎縮、失業）等等 如果有人問我 該如何在這樣的時代生存下去 那麼 我會回答：半農半 X 的生活將會是最理想的。」

《慢慢快活》，歐陽應霽

「不必成規矩的規矩，70 歲的 Cohen 和超過四百年的蘇州評彈，不必有關係，但也就是兩者吸引我的共同原因，不慌不忙的，向後或者向前，都可以。」

《這一生，至少當一次傻瓜》，石川拓治（日本）

「隨著文明過度發展，人類忘記了自己的根。網路非常方便，用手機隨時可以連線世界各地，但如果不吃不喝，人就無法活下去。生態學家說，人類是植物的寄生蟲，農業是人類生存的根。 他不求名不求利，默默地做著自己該做的事，相信總有一天世人會瞭解。」

《新世紀農耕：人對土地圓滿的愛》，嚴世芬

「土地生病時，也是需要土壤醫生的。如果我們希望擁有健全的田園以及豐饒的土地，讓收穫潛能有最大的發揮，同時又能夠使土地的養分不至於流失太快、並且又能夠使農作物們長得又大又高，就應該要用平等條件來對待大自然，不要與它對立起衝突，這才是最根本的策略，然而這些都是我們平時沒有注意到的事情。」

《一根稻草的革命》，福岡正信（日本）

「人們往往有一種錯覺，認為比起自然來，人類的智慧、人類的認識，真、善、美更偉大。但是，如果你看一看這農田中的一幕，看一看令人驚異的世界，你就會發覺人類的智慧和認識等是何等的淺薄。」

《一座小行星的新飲食方式》，法蘭西斯・拉佩／安娜・拉佩（美國）

「面對生態與社會遭逢前所未有的危機，大眾傳播媒體卻仍一味強調，全球資本主義才是唯一的希望。媒體不斷對大眾洗腦，想要餵飽全世界，唯有靠大型企業化農業與大規模飼養場，然而前者需仰賴大量農藥與化學肥料，後者則是用數以噸計的穀物、荷爾蒙和抗生素來飼養牛隻；另一方面，我們卻極少聽人說起這種高度集中化的工廠是農耕制度，正以驚人速度破壞人類長遠福祉所需的資源。我們是否能警覺，這套制度是威脅人體健康的新根源，從心臟病、狂牛症，到越來越嚴重的抗生素抗藥性？」

《耕種 食物 愛情》，克里斯汀・金博爾（美國）

「我正面對著一個冷酷二確鑿的事實──我接受過良好的教育，讀過很多書，遊覽過很多地方，在世界上的大多數角落，我都能在雞尾酒會上談笑自若，但是遇上體力勞動，我簡直就是個弱智。」

《放牧人生：湖區故事》，詹姆斯・里班克斯（英國）

「他一生謙遜，但卻因深知自己實實在在屬於世界上這片土地而感到驕傲、自由和獨立。」

《詩意的農場》，夏爾・埃爾維－格呂耶／佩里娜・埃爾維－格呂耶（法國）

「兩位主人公所描述的和每天親歷的，是人與大地、大地與其生物圈、地球與環境的新融合，是滿懷真誠和悲天憫人者心意的表達。在充斥對大自然無度索取和自私競爭的當今世界，發現還有這麼一小部分人願意以清醒和智慧為世界重新播種，是一件多麼令人欣慰的事。」

《永續農業概論》，比爾 · 默立森（澳大利亞）
「當我們順應自然，而不是對抗自然進行設計時，就可以創造景觀，使其像自然系統一樣運行，使能量被保存，廢物被回收，資源變得更豐富起來。」

《四千年農夫》，佛蘭克林 · H · 金（美國）
「真正的農業旅行家很少。佛蘭克林 · H · 金是這方面真正的專家。」

《山中庭院：京都鄉居二十年》，維尼夏 · 斯坦利 - 史密斯（英國）
「二十年前的一天，我和丈夫阿正一起，照著房產商的地圖，駕車駛離京都市區尋找心儀的住宅。當時我們已經看了超過一百幢房子，而在抵達大原山腳，見到這座老屋的瞬間，我知道終於找到了夢想中的家園。」

《鄉村與城市》，雷蒙 · 威廉斯（英國）
「對失落的純真這一概念最有趣的利用不來自地主或無產窮人，而來自不斷變動的中間階層。」

《正方形的鄉愁》，阮義忠
「人在哪裡心在哪裡，所站之處便是故鄉。對我來說，鄉愁已不再狹隘。」

《把日子過成詩》，祥子
「對於真正熱愛山居的人，再大的困難都能克服，對於淺嘗輒止的人來說，它只是越發無趣的存在。山居生活，是一種選擇，是一種物質層面在做減法、精神層面在做加法的生命狀態。山居生活，說是難事也是難事，說是易事也是易事。這一切，只在於你自己的取捨之間。」

《一生的美食之旅：全球500處必訪美食勝地》，美國國家地理學會

「吃在異國他鄉，不只是攝入能量那麼簡單，更是一種文化浸入式的體驗：那裡的人們吃什麼？什麼時候用餐？用餐地點和食物來源是什麼？他們在餐飲方面遵循怎樣的傳統？等等。探究這些問題，會讓你更深入地瞭解一個地方的風土人情。」

《把土裡土氣變揚眉吐氣》，程湘如

「台灣土地面積小，市場與世界各國比較相對是小型的規模，加上受到WTO開放後的影響，農特產品勢必要往精緻化的方向操作，在面對國際進口農業的競爭壓力下，才能有生存的活路。」

《食物正義：小農，菜市，餐廳與餐桌的未來樣貌》，羅伯・高特里布（美國）

「想吃得健康，我們不能只管端上桌的食物，而是應該站起來，追溯食物所走過的路徑，從餐桌、市場、大賣場，一路回到世界農場。」

《在田中央》，田中央工作群

「我們要敞開心胸，和宜蘭的地景連接。連接冬天的水田、夏天的龍舟，還有清晨傍晚層層疊疊的山色。」

《有種生活風格，叫小鎮》，何培鈞

「竹山，一個台灣地理上常遭忽略的名字，十年來因為有『天空的院子』而徹底改觀。而竹山的復甦，也像當年台灣的經濟發展一樣，是個『奇蹟』。這個奇蹟來自一位早熟、有自覺、有方法、敢行動的青年無止境嚴格要求自我的實驗，他同時掀起一波波難以形容的台灣城鎮再造風潮。」

《新鄉村主義——鄉村振興理論與實踐鄉村主義》，周武忠

「新鄉村主義，即在介於城市和鄉村之間體現區域經濟發展和基礎設施城市化、產業發展特色化、環境景觀鄉村化的規劃理念。其核心是鄉村性，要義是生產、生活、生態『三生和諧』。」

《嵩口模式》，HOMELAND 家園

「新舊雜糅的嵩口就是當下鄉鎮最常見的狀態，有些古鎮為了旅遊開發讓居民離開，但嵩口的古鎮改造不再以那樣的方式進行，而是在新舊銜接的狀態下找到共生的可能。」

《慢島款款行》，天下雜誌

「慢島，是低碳、微碳、減碳，是意想不到的島嶼行腳。慢是一把鑰匙，把感官打開，拉闊情感的寬與長；復古慢，聽空間與自然說故事；時尚慢，有產能、也有產值的驚人力量。慢，是找到自己、回歸生活唯一的路，更是感受台灣最剛好的方式。」

《碧山》，左靖

「『碧山』系列圖書的主旨是試圖尋找重返傳統文化家園之路。『碧山』並無確切地名指向，她是一個象徵，象徵哺育我們的自然和中華文化原鄉，青碧的山巒和村莊將永遠是我們來自於斯、並心歸於斯的所在。」

《中國在梁莊》，梁鴻

「從梁莊出發，卻可以清晰地看到中國的形象。」

《鄉土中國》，費孝通

「從基層上看去，中國社會是鄉土性的。我說中國社會的基層是鄉土性的，那是因為我考慮到從這基層上曾長出一層比較上和鄉土基層不完全相同的社會，而且在近百年來更在東西方接觸邊緣上發生了一種很特殊的社會。這些社會的特性我們暫時不提，將來再說。我們不妨先集中注意那些被稱為土頭土腦的鄉下人。他們才是中國社會的基層。」

《大理讓人變小》，新周刊

中國有兩個最洋氣的地方，一個是上海，一個是大理。——十里洋場 & 洋人街；中國有兩個最自在的地方，一個是廣州，一個是大理。——各忙各（勤快）& 自玩自（慵懶）；中國有兩個最小資的地方，一個是台北，一個是大理。——小確幸 & 大理福尼亞；中國有兩個最大氣的地方，一個是北京，一個是大理。——大官讓人變小 & 大理讓人變小。

千宿文旅
TIME IN HOME

董事長　　**封新城**　新周刊創辦人、前執行總編
總經理　　**陳代章**　原銀行行長，從事金融工作二十餘年

戰略顧問　**黎瑞剛**　華人文化集團董事長
　　　　　陳　彤　新浪網創始人、鳳凰網聯席總裁
首席顧問　**區念中**　前南方電視台台長
文化顧問　**于　丹**　北京師範大學教授
藝術顧問　**葉永青**　藝術家
　　　　　李　健　歌手
執行顧問　**俞國定**　台灣《商業周刊》前社長

大理千宿文化旅遊發展有限公司成立於 2016 年 10 月，總部設在洱源縣鳳羽鎮佛堂村，致力於鄉村振興，專注於鄉村文創，深耕於新型農業。

在鄉村振興大背景下，經過兩年多的快速發展，千宿文旅現已成為一個集農業種植、文化創意、高端訂製旅遊為一體，以物產為底色，以文創為特色的新型綜合文旅集團。

千宿文旅共分為三個板塊：

農業板塊——含慢城農莊（全資）；慢城物產讚美館（全資）；大理退步堂鄉村文化發展有限公司（全資）；洱源秀源農業開發有限公司（全資）；大理美食堂蔬菜配送有限公司（全資）

文創板塊——「大理的達利」時尚文創綜合體（全資）；大理一粟堂旅遊文化發展有限公司（全資）；大理退步堂鄉村文化發展有限公司（全資）；大理方圓音畫文化創意有限公司（控股）；廣州慢城文化傳播有限公司（全資）

訂製旅遊板塊——千羽會 Club（全資）；大理一粟堂旅遊文化發展有限公司（全資）

（攝影／褟燦雄）

SMART 27

INK PUBLISHING 微隱隱於鳳羽

統籌策劃	封新城
視覺與設計主編	萬璐卿
執行主編	丁曉潔
聯合主編	區念中　陳代章　曾曾

總　編　輯	初安民
責任編輯	陳健瑜
美術編輯	林麗華
校　　對	呂佳真

發 行 人	張書銘
出　　版	INK 印刻文學生活雜誌出版股份有限公司
	新北市中和區建一路 249 號 8 樓
	電話：02-22281626
	傳真：02-22281598
	e-mail：ink.book@msa.hinet.net
網　　址	舒讀網 http://www.sudu.cc

法律顧問	巨鼎博達法律事務所
	施竣中律師
總 代 理	成陽出版股份有限公司
	電話：03-3589000（代表號）
	傳真：03-3556521
郵政劃撥	19785090 印刻文學生活雜誌出版股份有限公司
印　　刷	海王印刷事業股份有限公司

港澳總經銷	泛華發行代理有限公司
	施竣中律師
地　　址	香港新界將軍澳工業邨駿昌街 7 號 2 樓
電　　話	03-3589000（代表號）
傳　　真	03-31813973
網　　址	www.gccd.com.hk

出版日期	2019 年 1 月　初版
ISBN	978-986-387-277-1

定　價　750 元

國家圖書館出版品預行編目資料

微隱 隱於鳳羽 / 封新城 統籌策劃；
--初版，--新北市： INK印刻文學，
2019.01　面 ； 公分（Smart ; 27）
ISBN 978-986-387-277-1（精裝）
1.旅遊文學　2.雲南省
673.569　　　　　　　107022988